"Las madres de la Biblia tienen muy agudas percepciones para brindar a las madres de hoy, y Kathi Macias hace un trabajo excelente al compartir las valiosas lecciones cosechadas en sus vidas. Este libro bendecirá el corazón de toda mamá contemporánea con su orientación práctica, guía relevante y estímulo."

—*Dianne Neal Matthews*,
autora de *The One Year Women of the Bible*
(Las mujeres de la Biblia en un año)

"Este libro enriquecerá su biblioteca personal si usted valora el consejo sólido sobre la crianza de los hijos. *Madres de la Biblia hablan a madres de hoy* debe ser leído por las mamás que quieren agradar a Dios mientras enseñan a sus hijos a que también lo busquen."

—*Stacy Hawkins Adams*,
autora de *Watercolored Pearls* (Perlas a la acuarela),
Nothing but the Right Thing (Solamente lo correcto),
y *Speak to My Heart* (Habla a mi corazón)

"¡Todas las madres deben leerlo! A través de *Madres de la Biblia hablan a madres de hoy*, usted verá otro costado de nuestros antepasados bíblicos... Uno que es realista y con el cual puede identificarse. En su acostumbrado estilo ingenioso y sabio, Kathi Macias escribe sobre la bendición y el dolor experimentados por las madres a través de todas las épocas. Usted aprenderá, crecerá, y madurará a través de estas páginas."

—*Jan Coates*,
escritora, oradora, consultora

MADRES *de la* BIBLIA HABLAN A MADRES *de* HOY

KATHI MACIAS

CASA CREACIÓN
A STRANG COMPANY

La mayoría de los productos de Casa Creación están disponibles a un precio con descuento en cantidades de mayoreo para promociones de ventas, ofertas especiales, levantar fondos y atender necesidades educativas. Para más información, escriba a Casa Creación, 600 Rinehart Road, Lake Mary, Florida, 32746; o llame al teléfono (407) 333-7117 en Estados Unidos.

Madres de la Biblia hablan a madres de hoy
por Kathi Macias
Publicado por Casa Creación
Una compañía de Strang Communications
600 Rinehart Road
Lake Mary, Florida 32746
www.casacreacion.com

A menos que se indique lo contrario, todos los textos bíblicos han sido tomados de la Santa Biblia Reina Valera Revisión 1960 © Sociedades Bíblicas Unidas, 1960. Usada con permiso.

Otra versión utilizada es la Santa Biblia Reina Valera Revisión 1995, Edición de Estudio, © Sociedades Bíblicas Unidas, 1995 marcada (rv95). Usada con permiso.

Las citas de la Escritura marcadas (nvi) corresponden a la Santa Biblia, Nueva Versión Internacional ©1999 por la Sociedad Bíblica Internacional. Usada con permiso.

Las citas de la Escritura marcadas (LBLA) corresponden a La Biblia de las Américas, Edición de Texto, ©1997 por The Lockman Foundation. Usada con permiso.

Las cita de la Escritura marcadas (DHH) corresponden a la Biblia Dios Habla Hoy, 2ª edición © Sociedades Bíblicas Unidas, 1983.

Published in English under the title: *Mothers of the Bible Speak to Mothers of Today* by New Hope Publishers, a division of the Women's Missionary Union, 100 Missionary Ridge, Birmingham, Alabama 34242 USA

Director de arte: Bill Johnson

Traducción: María Mercedes Pérez, Carolina Laura Graciosi, María del C. Fabbri Rojas y María Bettina López
Edición: María del C. Fabbri Rojas

ISBN 978-1-61638-050-2
Library of Congress Control Number: 2010922621

10 11 12 13 14 — 7 6 5 4 3 2 1
Impreso en los Estados Unidos de América

Dedicatoria

COMO SIEMPRE, DEDICO este libro a mi Padre celestial, quien con tanto amor y misericordia me llama su "hija" y a su Hijo que me llama "perdonada".

También dedico este libro a mi compañero de vida y mejor amigo, Al, cuyo hombro está siempre disponible para mí cuando estoy cansada.

A la memoria de mi amiga y antigua agente Sherrill Chidiak, que amó este libro y creyó en él desde el principio, pero se fue a casa para estar con Jesús antes de que se hiciera realidad.

Y por último, dedico este libro a mi madre y a todas las madres que en todas partes tratan de cumplir ese colosal llamado de instruir "al niño en el camino correcto" (Proverbios 22:6, NVI). ¡Qué el amor y la sabiduría divina les puedan servir de guía en cada paso del camino!

Contenido

Introducción 11

Recuerdos de mamá. 13

Capítulo 1 15
Eva: Sin un modelo al cual seguir

Capítulo 2 33
Sara: Madre de naciones

Capítulo 3 49
Rebeca: El peligro del favoritismo

Capítulo 4 67
Raquel y Lea: La competencia entre hijos

Capítulo 5 83
Jocabed: El mayor de los sacrificios

Capítulo 6 99
Ana: Mujer de oración, gratitud e integridad

Capítulo 7 115
Rizpa: Desconsolada, pero fiel

Capítulo 8 131
Betsabé: Redención y restauración

Capítulo 9 147
La viuda de Sarepta: Generosa hasta el fin

Capítulo 10 163
    Elisabet: Disposición al sacrificio

Capítulo 11 179
    La mujer cananea: Perseverancia en la oración

Capítulo 12 195
    Salomé: Capturar la visión eterna

Capítulo 13 211
    Eunice y Loida: Saber pasar la antorcha

Capítulo 14 225
    La mujer de Proverbios 31: Una mujer de todas las épocas

Capítulo 15 241
    María: Única en su clase

Sobre Kathi Macias 256

"Las madres reflejan la amorosa presencia de Dios en la tierra."

**—William R. Webb,
educador, Senador de los EE.UU.**

"La maternidad es algo que asusta.
Sacude el centro mismo del corazón. Hace fuerte
al débil. Llega al corazón y arranca espinas de
amargura, temor y egoísmo. Maravilla allí donde no
existe la imaginación y suaviza las asperezas...trae
una avalancha de lágrimas, montañas de tristezas,
valles de ira y cañones de frustración. Trae un gozo
absoluto; chorrea felicidad. Es la experiencia más
deliciosa y dolorosa capaz de cambiar la vida."

—Dra. Gail Hayes, autora

Introducción

L A BIBLIA NOS transmite la vida de una multitud de
personas maravillosas —entre ellas, mujeres que lidia-
ron con cuestiones de la maternidad. Muchas de ellas se
hubieran considerado a sí mismas fracasadas como madres,
tal como nos pasa a nosotras hoy. Pero Dios incluyó sus diversas historias en las Escrituras por varias razones, y estoy
segura de que una de ellas es ayudarnos a transitar hoy
nuestras vidas con paso seguro, mientras guiamos a nuestros hijos, nietos —e incluso los hijos de otros en nuestra
asistencia a la comunidad— por caminos rectos.

Si usted ya es o anhela ser una mamá, no importa cuán
ocupada esté, querrá reservar algunos minutos al día para
aprender más de lo que Dios quiere que usted sepa acerca
de la maternidad. Es, después de todo, una ocupación honorable, diseñada y asignada por nuestro Padre celestial. Es
verdad, las responsabilidades de llevar el título de mamá
son muchísimas, sin importar nuestra edad, ¡pero las re-
compensas son aún mayores!

Me gustaría decirle que decidí escribir este libro para
ayudar a las mujeres a lidiar con algunas cuestiones im-
portantes de la maternidad porque yo hice de maravilla
mi trabajo en esas áreas. Me gustaría decirle eso, pero no
puedo, porque a veces no lo hice. En cambio, decidí que
sería una idea mucho mejor escribir sobre esos "asuntos
maternales" dejando que las madres de la Biblia nos hablen
directamente, utilizando las experiencias de sus vidas para
situarnos en la escena y retratar a sus protagonistas.

Incluido en ese cuadro, usted encontrará:

- Citas de un amplio espectro de individuos
  contemporáneos e históricos, esparcidos a lo

largo de todo el libro —algunos son famosos, otros no—, que la harán pensar sobre la maternidad.

- Pasajes bíblicos claves para leer sobre cada mujer de la Biblia.
- Un espacio para que usted anote sus reflexiones sobre cómo puede responder y aplicar las lecciones de determinada vida, y
- Oraciones.

Por favor, acompáñeme a explorar las vidas de estas madres de la Biblia, ¿está de acuerdo? Luego, escuche lo que ellas tienen que decir mientras usted analiza sus propios pensamientos sobre la maternidad. Le prometo que se sentirá feliz de haberlo hecho—y así se sentirán también sus hijos, nietos y cualquier otro niño cuya vida usted toque ahora o en el futuro.

RECUERDOS DE MAMÁ

Y cuando nuestros hijos ya crecidos se vayan,
¿Qué recuerdos de mami se llevarán consigo?
¿Serán aquellas veces en que enjugó sus lágrimas?
¿Los abrazó muy fuerte y apaciguó sus miedos?

¿Acaso cómo siempre supo encontrar el tiempo
Para leerles la letra de su canción dilecta,
Una vez detrás de otra, y aún otra hasta el
    momento
En que ya la sabían desde el principio al fin?

¿O las noches insomnes con un hijito enfermo,
Cuando permanecía junto a él todo el tiempo,
Prodigándole amor con manos que sanaban,
Y contándoles cuentos de las lejanas tierras?

¿Qué recuerdos irán con ellos cuando partan?
Sé que todos los dichos y aún muchos otros más.
Pero hay algo más alto que ellos podrán decir:
"Mamá amó la Palabra, y nos enseñó a orar".

—KATHI MACIAS

"Hay una madre en el comienzo de todas las grandes cosas."

—Alfonso de Lamartine,
poeta francés, escritor y estadista

CAPÍTULO 1

Eva: Sin un modelo al cual seguir

Y de la costilla que Jehová Dios tomó del hombre, hizo una mujer, y la trajo al hombre.
—Génesis 2:22

LECTURAS BÍBLICAS SUGERIDAS:
Génesis 2:18, 21-23; 3:6-7, 11-13, 16; 4:1-5, 8-12, 16, 25

NO PUEDO PENSAR en una experiencia más maravillosa que el nacimiento de mi primer hijo. A la tierna edad de 18 años, esto fue lo más feliz —y también lo más aterrorizante—, que jamás experimenté. Cuando miré detenidamente a aquella preciosa y pequeña vida que Dios me había confiado, fue como si estuviera experimentando el amor por primera vez. Y pensé: *¿Qué voy a hacer ahora? ¿Cómo voy a cuidarlo? ¿Cómo sabré si estoy haciendo las cosas bien? ¿Qué si —Dios no lo permita— me equivoco?* Ahora, con dos hijos más, varios nietos y casi cuatro décadas más tarde, sonrío ante estos recuerdos, sabiendo que los bebés no son tan frágiles como alguna vez imaginé. Pero no puedo evitar preguntarme cuánto más exigente y abrumadora habrá sido la maternidad para Eva, que no sólo era la primera mujer sino también la primera madre. ¿Qué pueden aprender las mujeres de hoy sobre la maternidad al estudiar la vida de esta exiliada del Huerto del Edén, que no tenía ningún modelo de conducta para imitar, y ningún libro sobre cómo ser una buena mamá para leer? Creo que mucho. Echemos una mirada.

Eva, cuyo nombre significa "dadora de vida" fue la única mujer que se convirtió en mamá sin haber tenido una madre propia. De hecho, tampoco tuvo hermanas, tías, abuelas ni amigas a quienes pudiera pedir consejo. En resumen, no tenía modelos que pudiera seguir ni nadie con quien comparar sus puntos de vista.

Sí tenía a Adán, por supuesto, a quien, como a ella, Dios había hecho a su imagen y semejanza. ¡También tenía el surtido de mascotas más grande que alguien pudiera imaginar jamás! Y, por supuesto, tenía relación con Dios. Pero, como vemos en el relato de la creación narrado en Génesis, todas las relaciones de Eva cambiaron a causa del pecado.

> *Ella no tenía hermanas, tías, abuelas ni amigas a quienes pudiera pedir consejo.*

Cuán sola se habrá sentido una vez que esas relaciones dejaron de ser perfectas. Y cuánto miedo habrá tenido, cuán abrumadores habrán sido los momentos en que nacieron sus dos hijos mayores, Caín y Abel, empujándola a un terreno de responsabilidades totalmente nuevo. Estoy segura de que más de una vez en los días que siguieron, Eva oyó las palabras de Dios como un eco en su mente: *"Multiplicaré en gran manera los dolores en tus preñeces; con dolor darás a luz los hijos"* (Génesis 3:16).

Por la época en que los hijos de Eva fueron adultos, y debió experimentar el horror de que su hijo mayor asesinara al menor, ella se habrá dado cuenta de cuán ciertas eran las palabras de Dios que relacionaban el dolor con la maternidad, dolor que no terminó con el parto. Esta verdad sigue vigente para las madres de hoy, como veremos al estudiar la vida de Eva antes de la Caída, inmediatamente después, y en los años siguientes cuando sus hijos fueron adultos.

El libro de Génesis es un libro sobre comienzos. De hecho, la palabra hebrea para Génesis, *Bereshit* significa en realidad "en el comienzo". El primer capítulo es sobre el comienzo de la creación; el segundo capítulo continua diciéndonos cómo fue el comienzo de la humanidad; el tercer capítulo nos proporciona un vívido relato del comienzo del pecado; y el cuarto capítulo describe el trágico e inevitable resultado de la introducción del pecado en la raza humana: el comienzo del conflicto humano.

Todo comenzó tan maravillosamente. Cuando Dios usó a Moisés para escribir el relato de la creación en Génesis, él dejó algo en claro: *"Y creó Dios al hombre a su imagen, a imagen de Dios lo creó; varón y hembra **los** creó"* (Génesis 1:27, énfasis añadido). La raíz hebrea de la palabra *tselem*, traducida aquí como *imagen*, da la impresión de que la humanidad es la única parte de la creación de Dios que proyecta la imagen divina.

Cuán perfectos deben haber sido Adán y Eva, no sólo mental, emocional y espiritualmente, sino también físicamente. Dios describió a los dos humanos hechos a su imagen como *"muy buenos"*. Previamente Él había dicho que todo lo que había hecho antes de crear a Adán y Eva era *"bueno"*, pero se reservó el *"bueno en gran manera"* para coronar la culminación de todo en el comienzo de la humanidad. El único aspecto de su ser que Dios manifestó como *"no bueno"* fue que el hombre estuviera solo (vea Génesis 2:18).

Ellos vivían una situación idílica: clima perfecto, paisaje estupendo, armonía con los animales, relación y comunión intacta con Dios, y entre ellos la relación absolutamente perfecta de "un matrimonio hecho en los cielos". Adán y Eva eran el ejemplo original y perfecto de la relación de "una sola carne" que Dios pensó para el matrimonio. Génesis 2:2 nos dice que Dios hizo a Eva *"de la costilla que Jehová Dios tomó del hombre"*. Dios podría haber creado a Eva del polvo de la tierra, como creó a Adán, pero Él quería que Adán entendiera que Eva, a diferencia de los animales creados antes que ella, tenía exactamente la misma esencia que él. Adán debe haber reconocido este hecho inmediatamente, porque tan pronto como vio a Eva dijo: *"Esto es ahora hueso de mis huesos y carne de mi carne; ésta será llamada Varona, porque del varón fue tomada"* (Génesis 2:23). Luego, a continuación de los versículos que presentan el deseo de Dios para la relación de una sola carne entre ellos, se nos dice en el verso 25: *"Y estaban ambos desnudos, Adán y su mujer, y no se avergonzaban"*. Adán y Eva no sólo fueron hechos de la misma esencia, compañeros perfectos en una relación perfecta, sino que se sentían absolutamente cómodos y sin vergüenza alguna en presencia del otro.

También estaban absolutamente cómodos y sin vergüenza alguna en presencia de Dios, ya que además de la relación perfecta de una sola carne que tenían Adán y Eva, los dos moradores del Huerto compartían una relación perfecta y continua con Dios. El Creador pasaba regularmente tiempo de calidad con su creación, como podemos deducir fácilmente de Génesis 3:8, inmediatamente después de la caída de Adán y Eva en el pecado: *"Y oyeron al Señor Dios que se paseaba en el huerto al fresco del día"*, LBLA. Adán y Eva reconocieron inmediatamente los pasos de Dios caminando por el huerto. ¿Por qué? Me imagino que es porque lo habían oído muchísimas veces antes. Los tres —Dios, Adán y Eva— habían pasado mucho tiempo en íntima y directa comunión desde la creación. Y, como siempre había sucedido, era Dios el que venía a buscarlos y a tener comunión con ellos, y no a la inversa. El Creador siempre es el que inicia el contacto; Él es siempre el que tiende primero la mano en comunión, el que se da a sí mismo para que la relación sea restaurada y mantenida entre Él y su creación.

Antes de la caída, la comunión entre Dios y aquellos a quienes había creado era tan natural como el respirar.

Antes de la caída, la comunión entre Dios y aquellos a quienes había hecho a su imagen era tan natural como el respirar. Todo era parte del ambiente *"bueno en gran manera"* en que Adán y Eva vivían. Ellos lo llamaron *"Edén"* que por definición significa "deleite". Adán y Eva mantenían una relación perfecta uno con el otro, con Dios e incluso con los animales. Todo en el Edén era "deleitoso".

¿Cómo fue, entonces, que estas personas perfectas, colocadas en un ambiente perfecto por un Dios perfecto, se encontraron de repente escondiéndose de Dios e incluso expulsadas del huerto?

INMEDIATAMENTE DESPUÉS DE LA CAÍDA

He oído la observación de que Dios no hizo a Eva de la cabeza de Adán para que ella no pudiera "enseñorearse" de él, ni la hizo de sus pies para que no le sirviera de felpudo. Dios hizo a Eva de la costilla de Adán para que pudiera caminar a su lado, junto a su corazón, y como su ayuda y compañera de por vida. Me gusta esta explicación, y suena bastante como debe haber sido la relación que Adán y Eva disfrutaron antes de la Caída en Génesis 3. Pero apenas la serpiente entra en el cuadro, todo cambia.

El versículo inicial de este capítulo describe a la serpiente como *"astuta, más que todos los animales del campo que Jehová Dios había hecho"*. El Diccionario de la Real Academia Española define *astuto* cómo "agudo, hábil para engañar o evitar el engaño o para lograr artificiosamente cualquier fin". Las primeras palabras que salieron de la boca de la serpiente cumplen perfectamente esta descripción, cuando le dijo a Eva: *"¿Conque Dios os ha dicho: No comáis de todo árbol del huerto?"* (Génesis 3:1).

Esta criatura tan astuta se acercó a Eva con un desafío a Dios en sus palabras: *"¿En realidad Dios os ha dicho... ?"*. La primera tentación registrada en la Biblia es la misma tentación que nos asalta a nosotros hoy: un ataque a la veracidad de la Palabra de Dios. Esta serpiente era, efectivamente, astuta, y sabía que si podía lograr que Eva cuestionara la Palabra de Dios, habría logrado su primer paso para llevarla a la rebelión contra su Creador.

Ahora, hay que reconocer que Eva captó de inmediato que la serpiente no estaba citando apropiadamente la Palabra de Dios en cuanto a no comer de ningún árbol del huerto. He aquí cómo respondió ella: *"Del fruto de los árboles del huerto podemos comer; pero del fruto del árbol que está en medio del huerto dijo Dios: No comeréis de él, **ni le tocaréis**, para que no muráis"* (Génesis 3:2–3, énfasis añadido). Cuando Dios dio la orden respecto a este árbol en particular, Él le había hablado directamente a Adán, no a Eva, ya que a ella no la había creado todavía. Al mirar el capítulo anterior, las palabras que Dios le dijo exactamente a Adán fueron: *"De todo árbol del huerto podrás comer; mas del árbol de la ciencia del bien y del mal no comerás; porque el día que de él comieres, ciertamente morirás"* (Génesis 2:16–17). ¿Se dio usted cuenta de que Dios no les dijo nada en cuanto a tocar o no el árbol? Él sólo le prohibió a Adán comer su fruto, pero Eva, cuando habló con la serpiente, amplió la advertencia de Dios al decir que ni siquiera podían tocar el árbol. Si ella hizo esto por su propia cuenta o si Adán agregó esas palabras cuando le transmitió la orden de Dios respecto al árbol, no lo sabemos. Sea cual fuere la razón, la serpiente ignoró la orden y en su lugar atacó las palabras de Dios respecto de las consecuencias:

"Entonces la serpiente dijo a la mujer: No moriréis; sino que sabe Dios que el día que comáis de él, serán abiertos vuestros ojos, y seréis como Dios, sabiendo el bien y el mal" (Génesis 3:4–5). Ahora la serpiente estaba atacando a Dios en dos puntos. Estaba plantando semillas de duda en la mente de Eva en cuanto a *la veracidad de la Palabra de Dios* y también en cuanto a *la integridad de su carácter.* La serpiente daba a entender que Dios no sólo les había mentido, sino que además estaba tratando de evitar que experimentaran

> *Los métodos de Satanás han cambiado muy poco desde que la serpiente enfrentó a Eva.*

algo maravilloso. El error de Eva, por supuesto, fue prestar oído a las acusaciones falsas y luego considerarlas en su mente.

Satanás, representado por la astuta serpiente del huerto, continúa hoy el mismo ataque: plantar la semilla de la duda respecto a la Palabra de Dios y su carácter en la mente de quien quiera escucharlo. Y cuando ese "alguien" es una madre, la consecuencia afectará a sus hijos. Piénselo. ¿Cuáles son los dos frentes en los cuales la fe en el único y verdadero Dios, como se refleja en la vida de un cristiano comprometido, se pelean hoy? Los mismos que en el huerto: La Palabra de Dios y su carácter. Tal vez haya oído alguno de los siguientes comentarios sobre la Palabra y el carácter de Dios, o quizás los haya repetido usted misma:

- "¿Cómo puedes creer en un libro antiguo que fue escrito por diferentes autores en un periodo que abarcó cientos o miles de años?" (Cuestionamiento a la Palabra de Dios.)
- "La Biblia puede contener grandes verdades y guía moral, pero ciertamente no puedes tomarla literalmente." (Cuestionamiento a la Palabra de Dios.)
- "¿Cómo puede un Dios que sea amoroso permitir que ocurran cosas tan espantosas en el mundo?" (Cuestionamiento al carácter de Dios.)
- "La Biblia es simplemente una gran lista de cosas que debemos y no debemos hacer que Dios nos dio para que no podamos divertirnos ni ser felices." (Cuestionamiento al carácter de Dios.)

¿Ve cómo los métodos de Satanás han cambiado muy poco desde que la serpiente confrontó a Eva aquella primera vez tentándola a que hiciera lo que le parecía en vez de hacer lo que Dios les dijo? Con todo, como Eva la escuchó, lo consideró y en última instancia cedió a la tentación, todo lo que había sido perfecto, bueno y delicioso en su existencia en el huerto del Edén fue cambiado en un instante.

Como hecho interesante, sin embargo, las Escrituras no atribuyen el primer pecado a Eva, sino a Adán: *"Por tanto, como el pecado entró en el mundo por un hombre* [Adán], *y por el pecado la muerte, así la muerte pasó a todos los hombres, por cuanto todos pecaron... Porque así como por la desobediencia de un hombre* [Adán] *los muchos fueron constituidos pecadores, así también por la obediencia de uno* [Jesús]*, los muchos serán constituidos justos"* (Romanos 5:12, 19. Texto aclaratorio entre corchetes, añadido). ¿Por qué se señala a Adán como el que permitió que entrara el pecado al mundo, y no a Eva? Cuando volvemos por un momento a Génesis 2, justo antes de que Dios le dé a Adán la advertencia de no comer del árbol del bien y del mal, vemos que en el versículo 15 dice: *"Tomó, pues, Jehová Dios al hombre, y lo puso en el huerto de Edén, para que lo labrara y lo guardase"*. Al contrario de lo que algunas personas sugieren, el trabajo no fue parte de la maldición que vino sobre el hombre después de la caída. Dios le había dado trabajo a Adán *antes* de que Eva fuera creada; antes del encuentro entre la serpiente y la primera mujer, la tarea encomendada por Dios a Adán era cuidar el huerto. Él tenía la responsabilidad de lo que allí ocurriera.

Y luego vino Eva. Con su llegada, las responsabilidades de Adán fueron mayores. Esto no significa que Eva no fuera responsable de sus acciones, pero puede significar que Adán debería haber supervisado lo que ocurría entre Eva y la serpiente. Él debería haber intervenido en el momento mismo en que la serpiente desafió la Palabra de Dios y su carácter, y debería haber puesto en su lugar a esa falsa serpiente. Pero no lo hizo, pese a estar ahí cuando sucedió todo. Cuando Eva cedió ante la tentación de la serpiente para desobedecer a Dios y comió del árbol prohibido, después le dio a él algo de la fruta: *"y dio también a su marido, el cual comió así como ella"* (Génesis 3:6).

Trágico. El propio hombre a quien Dios había creado con tanto amor y al que había puesto a cargo del huerto ahora, voluntaria y conscientemente, escogía junto a Eva desobedecer a Dios y someterse él mismo —y todos sus descendientes— a la serpiente, el diablo, el que había engañado a Eva y ahora los conducía a ambos a la rebelión contra su Creador. Y ésa es la clave: Eva fue engañada, mientras que Adán sabía claramente lo que estaba haciendo, y por lo tanto *él* es mencionado en las Escrituras como el que trajo el pecado al mundo.

El apóstol Pablo, al escribir a la iglesia de Corinto, advirtió sobre la universalidad del engaño de Eva cuando dijo: *"Pero temo que **como la serpiente con su astucia engañó a Eva**, vuestros sentidos sean de alguna manera extraviados de la sincera fidelidad a Cristo"* (2 Corintios 11:3, énfasis añadido). A lo largo de la historia, el engañador sigue tentando y llevando a las personas a la rebelión contra su Creador desafiando la verdad de la Palabra de Dios y la bondad de su carácter. Eva fue la primera en ser engañada, pero ciertamente no fue la última.

¿Puede imaginarse cómo se habrá sentido Eva cuando las consecuencias de su desobediencia comenzaron a emerger? La primera noción de la magnitud de su pecado llegó inmediatamente después de que cedieron a la tentación y comieron la fruta. Génesis 3:7 declara: *"Entonces fueron abiertos los ojos de ambos, y conocieron que estaban desnudos"*. Antes de pecar estaban desnudos; simplemente no se daban cuenta porque Dios había dicho que todo, incluyendo su desnudez, era *"bueno en gran manera"*. Ahora, súbitamente, ellos veían cosas que antes no habían notado. En tanto que, antes de pecar, se veían a sí mismos y a lo que los rodeaba tal y como Dios los veía —como Él los había creado: puros y sin pecado— ahora veían a través de los ojos del pecado. Instantáneamente fueron avergonzados y comenzaron a buscar formas de cubrirse: *"entonces cosieron hojas de higuera, y se hicieron delantales"* (Génesis 3:7).

Éste fue el primer intento de religión hecho por el hombre: seres humanos intentando cubrir sus pecados mediante sus propios esfuerzos. Pero sabemos que no funcionó (y sigue sin funcionar), porque apenas Dios volvió a entrar al huerto a caminar con ellos como lo había hecho antes, Adán le dijo a Dios: *"Oí tu voz en el huerto, y tuve miedo, porque estaba desnudo; y me escondí"* (Génesis 3:10). Si su intento de cubrirse a sí mismos hubiera sido suficiente, no habrían sentido miedo de Dios ni se hubieran escondido de Él.

¿Se puede imaginar una escena más triste que ésta? Estos dos seres humanos que antes habían sido perfectos —en una perfecta relación con Dios y entre ellos mismos, que vivían en un entorno perfecto— ahora escondiéndose, avergonzados y temerosos de su Creador. La relación íntima con Dios se había roto y la relación entre ellos estaba dañada, como vemos cuando Dios le preguntó a Adán si él había comido del árbol prohibido. Adán, quien desobedeció a Dios voluntaria y conscientemente, ¿admitió su error y pidió el perdón de Dios para él y para su

> *Adán no sólo culpó a Eva por su pecado, ¡sino también a Dios!*

esposa, cuya desobediencia se debió a su falla por no intervenir? No, no lo hizo. En cambió, transfirió la culpa primero a Eva y luego, ¡a Dios!

"La mujer que me diste por compañera me dio del árbol, y yo comí." (Génesis 3:12). *"La mujer que me diste por compañera..."* De hecho, Adán estaba diciendo: "Fue culpa de ella, Dios: de Eva. Tú sabes, esa mujer que *Tú* pusiste aquí junto a mi". Traducción: "No es mi culpa. Si no hubieses puesto a Eva aquí, yo nunca hubiera pecado". Adán no sólo culpó a Eva por su pecado, ¡sino también a Dios! Al menos Eva fue lo suficientemente honesta cuando Dios la confrontó para admitir: *"La serpiente me engañó, y comí"* (Génesis 3:13).

Trate de imaginarse por un momento lo que Eva debe haber experimentado en ese instante. Primero, su relación con Dios, que una vez fue perfecta, ahora estaba rota, y luego su amado esposo le daba la espalda tratando de salvarse a sí mismo. ¿Podría su amor sobrevivir a semejante ataque? ¿Podría volver a confiar en él o respetarlo nuevamente? Parada allí, en su vergüenza y dolor, y cubierta con hojas de higuera cosidas a mano, puede haberse sentido más indefensa y desesperada de lo que ningún otro ser humano jamás se haya sentido a través de las edades.

Pero luego, después de pronunciar su maldición contra estos dos amotinados, Dios, gentil y piadosamente desmintió todo lo que la serpiente había dicho de Él: les mostró que su Palabra es cierta y que su carácter es perfecto. En su infinito amor y misericordia, Dios instituyó el primer sacrificio de sangre y vistió a Adán y a Eva con pieles de animales. A pesar de que los echó del huerto del Edén porque habían pecado, Él también les mostró que un día les proveería un Redentor, un Salvador para abrir la puerta para que la raza humana restaurara esa relación con Dios que una vez fue perfecta y que ahora se había perdido en la rebelión del huerto.

Asombrosamente, es en este momento que Adán llamó a su esposa Eva: *"porque ella sería la madre de todo ser viviente"* (Génesis 3:20, NVI). En medio de la tragedia más vasta de todos los tiempos, Adán encontró una razón para ser optimista respecto al futuro. Ese optimismo nació no sólo por la convicción de que un día Dios redimiría a la humanidad, sino por el pensamiento de que Eva pronto se convertiría en madre —posiblemente incluso del propio Redentor.

Y así, en Génesis 4, vemos la esperanza de Adán hecha realidad: *"El hombre se unió a su mujer Eva, y ella concibió y dio a luz a Caín. Y dijo: '¡Con la ayuda del Señor, he tenido un hijo varón!' Después dio a luz a Abel, hermano de Caín"* (Génesis 4:1–2, NVI). Viviendo ahora fuera del huerto y apartados de la comunión diaria con Dios, Eva hizo realidad el nombre que Adán le había dado y se convirtió en una dadora de vida. Pero aún en su condición caída, desterrada del Edén y lidiando por primera vez con las consecuencias del pecado, Eva no olvidó a Dios. Ella reconoció que era sólo con la ayuda del "Señor" que había podido llevar adelante esa nueva vida. Así es como sucede con todas nosotras, las que tenemos el privilegio de ser llamadas madres, ya sea que hayamos concebido y dado a luz un niño, o lo hayamos adoptado, acogido o cosa similar.

AÑOS DESPUÉS DE LA CAÍDA

Ahora que todos mis hijos son adultos, se casaron y tienen sus propias familias, puedo mirar hacia atrás a los años en que iban creciendo y recordar momentos definitivamente difíciles mezclados con los buenos. Sin embargo, debo admitir que no puedo ni siquiera comenzar a imaginar la clase de dolor que Eva habrá soportado cuando su primogénito asesinó a su hermano menor. Perder un hijo en cualquier circunstancia es devastador, pero perder a un hijo bajo la mano asesina de su propio hermano es prácticamente incomprensible para mí.

La rivalidad entre hermanos es tan antigua como Caín y Abel, y es un tema común que se repite una y otra vez a lo largo de la Biblia.

Pero eso es lo que pasó. El relato de Génesis no nos da información alguna sobre la niñez de Caín ni de Abel. La historia salta directamente desde su nacimiento a su edad adulta cuando Caín trabajaba la tierra y Abel era pastor. Cuando vemos en Génesis 4:3 que *"andando el tiempo"* Caín y Abel llevaron cada uno una ofrenda al Señor. Antes de que examinemos sus ofrendas específicas, debemos preguntarnos por qué llevaron ofrendas a Dios. La suposición más lógica en este punto es que Adán y Eva les habían enseñado a que lo hicieran.

A pesar de que no tenemos registrado específicamente ningún diálogo entre Adán y Eva y sus hijos, las acciones de Caín y Abel de llevar ofrendas a Dios apuntan al hecho de que sus padres hicieron lo mejor para criarlos, enseñándoles a honrar y respetar a su Creador.

También podemos suponer que, como la mayoría de los padres, Adán y Eva contaron a sus hijos historias sobre la vida que tenían antes de sus nacimientos, antes de la Caída, cuando tenían una vida perfecta e idílica en el Edén, hasta que la serpiente los llevó a *ellos* a la rebelión y la desobediencia contra Dios. Al contarles esas historias, los muchachos sin duda escucharon que Dios mismo había instituido el primer sacrificio de sangre, estableciendo el precedente para una ofrenda aceptable. Allí es donde Caín se metió en problemas.

Hebreos 9:22 nos dice: *"y no hay perdón de pecados si no hay derramamiento de sangre"*, (DHH). Caín debe haber sabido esto. Sus padres les habían enseñado tanto a él como a Abel qué constituía una ofrenda aceptable para Dios. Les habían dicho a sus hijos cómo, después de haber pecado, habían tratado de cubrirse con hojas de higuera, pero Dios había rechazado su débil intento y Él mismo se hizo cargo de la situación matando a un animal y cubriéndolos con su piel. No había razón alguna para que Caín creyera que su intento de religión humana sería más aceptable para Dios que el malogrado intento de sus padres con las hojas de higuera. Pero de todos modos lo hizo, y las consecuencias son casi tan horripilantes como el destierro de sus padres del huerto.

La rivalidad entre hermanos es tan antigua como Caín y Abel, y es un tema común que se repite una y otra vez a lo largo de la Biblia. Cualquiera de nosotros que tenga más de un hijo —o que se haya criado entre hermanos y hermanas— ha vivido en carne propia los efectos de la rivalidad entre hermanos. El caso de Caín y Abel, sin embargo, debe haber sido extremo ya que los celos de Caín y su resentimiento hacia Abel escalaron al punto de llegar a semejante violencia. Cuando Dios expresó su aprobación por el sacrificio de sangre de Abel tomado del rebaño, y rechazó la ofrenda de la tierra, sin sangre, de Caín, el joven desobediente y rebelde cruzó el límite, aunque sabía de antemano que Dios no aceptaría una ofrenda que no requiriera derramamiento de sangre.

¿Estaba probando a Dios, esperando cambiar la mente del Creador? ¿Entendía Caín que su ofrenda sería tan aceptable como la de Abel porque ambas provenían del fruto de sus labores? Las Escrituras no responden directamente esas preguntas, pero aún así hay un sí implícito en el comportamiento de Caín, particularmente cuando Dios lo confrontó respecto a su impertinente ofrenda.

"¿Por qué estás tan enojado? ¿Por qué andas cabizbajo?", le preguntó Dios. *"Si hicieras lo bueno, podrías andar con la frente en alto"* (Génesis 4:6–7, NVI). Por las preguntas de Dios a Caín podemos concluir que el joven sabía qué era lo correcto, pero aún así eligió hacer otra cosa. En lugar de arrepentirse y pedirle perdón a Dios, Caín invitó a su hermano al campo: *"Y aconteció que estando ellos en el campo, Caín se levantó contra su hermano Abel, y lo mató"* (Génesis 4:8).

Asesinato premeditado, a sangre fría, nacido al calor del odio y los celos —y Caín seguía negándose a arrepentirse. Cuando Dios le preguntó dónde estaba Abel, Caín respondió: *"No sé. ¿Soy yo acaso guarda de mi hermano?"* (Génesis 4:9).

Entonces Caín fue maldecido, desterrado de la presencia del Señor y del hogar en el que había crecido. En tan sólo un día, Adán y Eva habían perdido a sus dos hijos. Es duro imaginar cómo habrán podido continuar después de experimentar semejante dolor, pero sabemos que de todos modos lo hicieron. Génesis 4:25 nos dice que Eva otra vez quedó embarazada y dio a luz otro hijo, cuyo nombre fue Set, y dijo: *"Dios me ha concedido otro hijo en lugar de Abel, al que mató Caín"*, (NVI). Lo maravilloso de esta parte de la historia es que a través del linaje de Set nació el Redentor de Dios —Jesús, el Mesías prometido. Así que después de sufrir increíbles pérdidas, Eva se convirtió en "la madre de todos los vivientes", aunque

Dios fue el modelo perfecto para ella, como lo es para todos los padres que se sienten inadecuados para la tarea que tienen por delante.

Adán lo había profetizado cuando le puso el nombre, antes de que fueran expulsados del huerto del Edén.

A pesar de que Eva no tuvo ningún modelo humano a quien seguir ni que pudiera ayudarla en sus pruebas, Dios fue el modelo perfecto para ella, como lo es para todos los padres que se sienten inadecuados para la tarea que tienen por delante. Fue Dios el que bajó hacia Adán y Eva para tener comunión con ellos en el huerto. Fue Dios el que derramó sangre para proveer una cobertura temporaria para su pecado. Y fue Dios el que los ayudó a dar a luz hijos e hijas que poblaran la tierra y finalmente produjeran al Redentor.

"La maternidad es el mayor privilegio de la vida."

—**May Coker, escritora**

1. Se ha dicho que decidir tener un hijo es como decidir permitir que su corazón ande suelto, fuera de su cuerpo, por el resto de su vida. ¿Cómo aplica ese dicho a la vida de Eva, e incluso a la suya propia?

2. ¿Cómo afecta esta historia de la primera familia disfuncional su entendimiento de Proverbios 22:6: *"Instruye al niño en su camino, y aun cuando fuere viejo no se apartará de él"*?

3. ¿Cómo la ayuda a enfrentar los desafíos de la maternidad saber que Dios fue para Eva el modelo perfecto de rol parental?

"No podemos pedir que nuestros hijos salgan 'vuelta y vuelta' o 'bien cocidos'. Los tomamos como Dios nos los da."

—Elaine Miller, escritora

ORACIÓN DE UNA MADRE

Gracias, Señor, porque eres mi Padre. Gracias porque me amas y quieres lo mejor para mí y para mis hijos. Ayúdame, Señor, a mantener mis ojos y mi corazón concentrados en ti, confiando en que tú me convertirás en la madre que quieres que llegue a ser. En el nombre de Jesús, amén.

"La maternidad es una sociedad con Dios."

—Autor desconocido

"La felicidad es algo que le sucede, pero el contentamiento en la maternidad es algo que usted elige."

—Kathy Collard Miller, escritora

CAPÍTULO 2

Sara: Madre de naciones

Sarai mujer de Abram no le daba hijos; y ella tenía una sierva egipcia, que se llamaba Agar... Visitó Jehová a Sara, como había dicho, e hizo Jehová con Sara como había hablado.
—Génesis 16:1; 21:1

LECTURAS BÍBLICAS SUGERIDAS:
Génesis 11:29-31; 12:5, 11-20; 16:1-8; 17:15-21; 18:6-15; 20:2, 14-18; 21:1-12; 23:1-2, 19; 24:36, 67; 25:10-12; 49:31; Isaías 51:2; Romanos 4:19; 9:9; Hebreos 11:11; 1 Pedro 3:6.

LAS ESCRITURAS NOS dicen que Sara era una mujer hermosa, y una mujer que había recibido una magnífica promesa de Dios. Pero parece que Sara era también impaciente. Se cansó de esperar que Dios cumpliera su promesa y decidió "ayudarlo". Los resultados fueron desastrosos, y la lucha continuó a través de las centurias.

Y sin embargo, la mayoría de nosotras ¿no nos identificamos con Sara y su impaciencia? Sé que yo sí, especialmente cuando pienso cuánto esperó ella. ¡Cuántas veces me he cansado de esperar que Dios cumpliera su Palabra, así que me precipité y traté de arreglar y manipular las cosas por mí misma, a mi manera! ¿Cómo resultó? Si usted se parece a mí —o a Sara— ya sabe la respuesta. Así que, si lo pensamos, tal vez Sara no fue tan apresurada como parecería al principio.

Cuando encontramos a Sara por primera vez, aproximadamente 2,000 años antes del nacimiento de Cristo, se la llama *Sarai*, y vive con su esposo Abram, en una ciudad llamada Ur en lo que es actualmente el sur de Irak. Aunque los días de gloria de Ur se habían desvanecido, seguía siendo el escenario de una sociedad próspera y floreciente, y la pareja disfrutaba de los frutos de una vida privilegiada, además de un matrimonio comprometido y lleno de amor, aunque sin hijos.

Esto no era poca cosa en esos días y en esa sociedad, y Sarai lo sabía. Aunque su nombre contenía evidentemente el significado de "princesa", debe de haberse preguntado por qué el Príncipe cuyo nombre portaba no removía su maldición y la bendecía con hijos.

Es precisamente en torno a este dilema que se desenvuelve la vida de Sarai y Abram, y no se volvió más fácil cuando Dios les dijo que abandonaran todo lo que conocían y fueran hacia una tierra desconocida que Él les mostraría y donde los bendeciría. Con un mandato de salir y una promesa de bendición como órdenes de marcha, Sarai y Abram se aventuraron a salir en una empresa que excedía en mucho lo que siquiera podían empezar a imaginar.

El llamado, la promesa... y el viaje

Sarai era más que una esposa obediente; también era una esposa confiada. Obviamente confiaba en su esposo, pero debe de haber confiado también en el Dios invisible al cual él adoraba. No debe de haber sido un cambio fácil para Abram venir y decirle que Dios le había hablado y dicho:

> *"Vete de tu tierra y de tu parentela, y de la casa de tu padre, a la tierra que te mostraré. Y haré de ti una nación grande, y te bendeciré, y engrandeceré tu nombre, y serás bendición. Bendeciré a los que te bendijeren y a los que te maldijeren maldeciré; y serán benditas en ti todas las familias de la tierra".*
>
> —Génesis 12:1-3

Por un lado, Dios no solía hablarle a la gente de Ur —al menos no que Sara supiera— y por otro lado, obedecer este "mensaje" del Dios no visible de Abram requeriría un completo desarraigo de su vida entera. Cierto, era una majestuosa promesa la que Dios había dado, pero dejar el país, la familia, los amigos... ¿todo lo cómodo y familiar? Eso era mucho pedir.

Pero Sarai no sólo era obediente y confiada, sino además una verdadera compañera de Abram. Ella y Abram llevarían al menos cuatro décadas de casados para ese enton-ces, y sus vidas individuales hacía tiempo que se habían vuelto una. Cuando el llama-do de Dios invadió sus vidas, Sarai todavía era una mujer increíblemente hermosa, aunque ya estaba en los sesenta y sin duda con costumbres más que levemente arraiga-das. En especial estaba acostumbrada a una vida relativamente lujosa, así que empacar y dejar su confortable hogar para seguir a su esposo a través del de-sierto hacia algún destino desconocido debe de haber sido un gran desafío para su amor y su fe.

Ya estaba en sus sesenta y sin duda con costumbres más que levemente arraigadas.

Pero fue. Leal a su esposo y confiando en que lo que Abram afirmaba haber oído de Dios verdaderamente ocurriría, quitó las estacas, se despidió de sus seres queridos, y dispuso su corazón para seguir a un Dios invisible y la creencia de su esposo en el llamado de Dios ...y su promesa.

El viaje llevó mucho tiempo e implicó más aventuras que las que Sarai probablemente habría previsto, aún en sus sueños más osados. "¿Ya llegamos?", debe haber sido la pregunta del día —todos los días— y no sólo de Sarai sino de todos los que viajaban con ellos. Porque aunque Dios indicó a Abram que dejara la familia de su padre y su casa, el sobrino de Abram, Lot, así como *"todos sus bienes que habían ganado y las personas que habían adquirido"*, fueron con ellos.

Debe de haber sido una caravana la que salió del centro de la antigua ciudad, ya que Abram era considerado un hombre rico con muchas posesiones y sirvientes. Me imagino que fue más que una simple despedida cuando ellos partieron —sin mencionar muchas lágrimas, cuando se despedían de los amigos y seres queridos, inseguros de volverse a ver otra vez.

Sin embargo, salieron en obediencia, viajando hacia el norte por una antigua ruta de comercio junto al río Éufrates. Después de una parada en Harán, giraron al sur y se movieron hacia Canaán. La mayor parte del resto de sus vidas la pasaron deambulando por esa área escasamente poblada.

Gran parte de la tierra por donde pasaron Abram, Sarai y su séquito puede decirse, en el mejor de los casos, que era desolada, y en el peor, peligrosa. Aún así, continuaron. No habían ido demasiado lejos en su viaje cuando Abram construyó un altar al Señor en el valle de Siquem. Más tarde construyó otro altar en Betel, doce millas al norte de Jerusalén, y luego otro bajo una encina en Mamre. Aunque no se nos dice que Sarai adorara en estos altares con su esposo, es fácil imaginar que sí lo hacía, puesto que Pedro, en el Nuevo Testamento, se refiere a Sarai (a quien el apóstol después llamó Sara, el nombre que Dios le dio) como "*heredera*" con Abram (a quien el apóstol llamó Abraham) de "*la gracia de la vida*" (1 Pedro 3:7).

Mucha manipulación y caos entraron en escena, causando problemas de magnitud generacional

A través de tiempos de prosperidad y paz, de adversidad y peligro, Sarai siguió a Abram, quien seguía el llamado y la promesa de Dios. Viajaron juntos en un trayecto de toda una vida que finalmente los llevó al cumplimiento de la promesa de Dios de hacer a Abram y a Sarai el padre y la madre de naciones —pero no antes de que mucha manipulación y caos entraran en escena, causando problemas de magnitud generacional.

El compromiso

A pesar de muchos angustiosos incidentes a lo largo del camino, el verdadero problema no surgió sino hasta cerca de diez años después de que Abram y Sarai llegaran a Canaán. Cuántas largas horas de caravana por el desierto y contemplando las estrellas había pasado

Sarai; preguntándose cuándo este Dios que los había llamado a su viaje cumpliría finalmente su promesa de hacer de Abram "una gran nación". ¿Y cómo podría ocurrir eso a menos que ella y Abram tuvieran un hijo? ¿Y cómo podrían tener un hijo a menos que Dios interviniera y milagrosamente les concediera uno, ya que ambos estaban pasando la edad normal para ser padres?

Dicho esto, para crédito de Sarai, ella esperó diez años completos antes de decidir finalmente tomar el asunto en sus propias manos. Después de todo, tal vez habían entendido mal a este Dios invisible. Quizás, en vez de esperar una concepción milagrosa, se suponía que ellos aprovecharían la costumbre de la época, que era proveer una suerte de heredero sustituto cuando un esposo y su esposa no podían tener uno por sí mismos. En otras palabras, cuando una mujer no podía cumplir con su deber de darle un hijo a su esposo, podía proveer un heredero para él cediéndole una de sus propias siervas, con la cual él tendría entonces relaciones sexuales. Si esas relaciones daban como resultado el nacimiento de un hijo, ese hijo legalmente pertenecía al esposo y su esposa, en lugar de a la sierva que lo dio a luz.

Esta concesión no era una decisión sencilla para Sarai. Esto no sólo era una admisión de que había perdido toda esperanza de concebir y tener su propio hijo, sino además el compartir física y voluntariamente al hombre que amaba con otra mujer. Aun para cumplir su anhelo y deber de tener un hijo, debe de haber luchado mucho por mucho tiempo antes de tomar una decisión tan dolorosa.

Sin embargo, ¿cuál era la alternativa? ¿Cuántos años más esperarían ella y Abram algo que tan obviamente —para ella— no iba a ocurrir? Y con cada día que esperaban, la situación parecía más imposible. Ninguno de ellos se estaba volviendo más joven, y todos sabían que las mujeres ancianas —incluso una que siguiera siendo tan hermosa como Sarai— no podían tener hijos.

Así la Biblia nos relata que, desesperada, Sarai consideró a Agar su sierva, que era egipcia, y decidió dársela a Abram para que concibiera y diera a luz el heredero prometido y así comenzar "la gran nación" prometida a ellos por Dios. La Biblia nos dice que Sarai explicó su decisión a Abram: *"Ya ves que Jehová me ha hecho estéril;*

te ruego, pues, que te llegues a mi sierva; quizás tendré hijos de ella" (Génesis 16:2).

Como esposa, puedo imaginar cuán doloroso debe de haber sido para Sarai decirle esas palabras al hombre que amaba. Por esa razón, aunque me doy cuenta de que ella debería haberse mantenido paciente y esperado en Dios, mi corazón la entiende. Y entonces cuando Abram *"atendió el ruego de Sarai"* (Génesis 16:2) y aceptó su oferta, la pobre mujer debe de haber estado en agonía. Si pensaba que antes había tenido noches de insomnio, despierta y preguntándose cuando cumpliría Dios su promesa de darles un hijo, ¿cuánto peor han de haber sido las noches en que yacía sola en su tienda sabiendo que su esposo compartía su cama con otra mujer?

Por último, sin embargo, se hizo el anuncio: Agar estaba embarazada, y Abram al fin tendría un hijo. Eso debería haber quitado presión a todos y producido mucho gozo y entusiasmo, al menos inicialmente. Pero después la actitud de Agar cambió. Génesis 16:4 nos dice que: *"...cuando vio [Agar] que había concebido, miraba con desprecio a su señora [Sarai]"* (aclaraciones entre corchetes añadidas).

Indudablemente Agar había sido una sierva diligente y sumisa antes de que Sarai la diera a Abram, pero una vez que Agar se dio cuenta de que había hecho lo que su señora no había podido —concebir un hijo para su amo— comenzó a mirarla con

> *Una vez que Agar se dio cuenta de que había hecho lo que su señora no había podido —concebir un hijo para su amo— comenzó a mirarla con desprecio.*

desprecio. De pronto Sarai no estaba segura de haber tomado la decisión correcta después de todo. *"Mi afrenta sea sobre ti"*, le dijo a Abram. *"Yo te di mi sierva por mujer, y viéndose encinta, me mira con desprecio; juzgue Jehová entre tú y yo"* (Génesis 16:5).

¡Pobre Abram! Primero su esposa le dice que duerma con Agar para que quede embarazada, y por fin tiene el hijo largamente esperado, y ahora, Sarai se enoja con él por haberlo hecho. Pero Abram ¿era totalmente inocente de la imprudente decisión de tratar de tomar un atajo hacia la promesa de Dios? Realmente no. Después de todo, fue a Abram a quien Dios le hizo la promesa, y la promesa incluía a Sarai no a la sierva de Sarai. Abram fácilmente podría haberse negado a la sugerencia de su esposa y continuar esperando en Dios... pero no lo hizo. En cambio, le contestó de esta manera: *"Mira, tu sierva está bajo tu poder; haz con ella lo que mejor te parezca."* (Génesis 16:6, LBLA).

Ahora tenemos que pensar: "¡Pobre Agar!". Ella es quien no había opinado en esta situación, y ahora está a merced de una esposa celosa. Por supuesto, si no hubiera dejado surgir su orgullo y hubiera mantenido una actitud humilde y sumisa hacia su señora, no se habría encontrado en tal aprieto.

Así fue que Sarai *"la trató muy mal"* (LBLA), y Agar *"huyó de su presencia"* hacia el desierto (Génesis 16:6), donde tuvo una visita inesperada del Ángel del Señor (Génesis 16:7), el mismo Dios que había dado a Abram y Sarai la promesa de formar de ellos *"una gran nación"*. Después de una conversación entre el Ángel del Señor y Agar, en la cual Dios le indicó que volviera a su señora y se sometiera a ella, Él le da a esta joven sierva egipcia una gran promesa:

> *"Multiplicaré tanto tu descendencia, que no podrá ser contada a causa de la multitud. Además le dijo el Ángel de Jehová: He aquí que has concebido, y darás a luz un hijo, y llamarás su nombre Ismael, porque Jehová ha oído tu aflicción. Y él será hombre fiero; su mano será contra todos, y la mano de todos contra él, y delante de todos sus hermanos habitará".*
> —GÉNESIS 16:10-12

Dios había prometido que este hijo de Abraham y Agar, a quien debían llamar Ismael, también se convertiría en una gran multitud de gente, caracterizada por cierta turbulencia y un alto nivel de conflictividad. Pero su principal sentimiento de animosidad estaría dirigido hacia el prometido que habría de nacerles a Abram y Sarai.

Y así Agar regresó al campamento, y cuando Abram tenía 86 años de edad nació Ismael (Génesis 16:16). Aunque no tenemos un registro claro de lo que tuvo lugar en los trece años siguientes, podemos suponer por los hechos que se registran más adelante que Abram llegó a amar muchísimo a Ismael. También podemos suponer que Sarai y Agar establecieron una especie de paz entre ellas, porque cuando nos adelantamos a la próxima mención de este grupo entrelazado, Abram tiene 99 años, y todos están viviendo juntos en el mismo campamento. Es entonces, más de dos décadas después de la primera vez en que le formuló a Abram su llamado y su promesa, cuando Dios volvió a aparecerle y hablarle. *"Yo soy el Dios Todopoderoso; anda delante de mí y sé perfecto"*, instruyó Dios a Abram. *"Y pondré mi pacto entre mi y ti, y te multiplicaré en gran manera"* (Génesis 17:1-2).

No me sorprende que la Biblia diga entonces que Abram *"se postró sobre su rostro"* ante el Señor (Génesis 17:3). Después de todo, no sólo estaba siendo visitado por Dios mismo, sino que Abram sabía que no había esperado a que Dios cumpliera su promesa y en cambio se había apresurado a tratar de cumplirla por sí mismo. Debe de haber estado aterrorizado mientras yacía allí, con el rostro en tierra, esperando oír lo próximo que Dios le iba a decir.

> *"He aquí mi pacto es contigo, y serás padre de muchedumbre de gentes. Y no se llamará más tu nombre Abram, sino que será tu nombre Abraham, porque te he puesto por padre de muchedumbre de gentes. Y te multiplicaré en gran manera, y haré naciones de ti, y reyes saldrán de ti. Y estableceré mi pacto entre mí y ti, y tu descendencia después de ti en sus generaciones, por pacto perpetuo, para ser tu Dios, y el de tu descendencia después de ti. Y te daré a ti, y a tu descendencia después de ti, la tierra en que tú moras, toda la tierra de Canaán en heredad perpetua; y seré el Dios de ellos. Dijo también Dios a Abraham: A Sarai tu mujer no la llamarás Sarai, mas Sara será su nombre. Y la bendeciré, y también te daré de ella hijo; sí, la bendeciré, y vendrá a ser madre de naciones; reyes de pueblos vendrán de ella."*
>
> —Génesis 17:4-8, 15-16

Aunque Dios había confirmado su promesa, así como el hecho de que su heredero prometido vendría por medio de Sara y no de Agar, Abraham, que amaba a Ismael, trató de negociar con Dios a favor de éste. Dios no quería eso. La promesa vendría por medio del hijo legítimo que le nacería a Abraham de su esposa, y no de su concubina, aunque Dios le aseguró a Abraham que extendería un cierto nivel de bendición a Ismael y también a sus descendientes.

"*Mas yo estableceré mi pacto con Isaac*", dijo Dios a Abraham, determinando incluso el nombre del hijo prometido, "*el que Sara te dará a luz por este tiempo el año que viene*" (Génesis 17:21).

Dios le aseguró a Abraham que extendería un cierto nivel de bendición a Ismael y a sus descendientes.

Y así quedó establecido. La promesa era todavía una promesa, y ocurriría en un año, no por medio de Ismael, el hijo de la sierva egipcia, sino por medio de un hijo llamado Isaac, que iba a ser concebido por la legítima esposa de Abraham, Sara. Dios incluso había instituido nuevos nombres para Abram y Sarai. Abram, que significa "padre enaltecido", se llamaría *Abraham,* que significa "padre de multitudes [naciones]", y *Sarai,* que probablemente significa "Jehová es Príncipe", ahora se llamaría *Sara,* "Princesa".

Dios también estableció ese día el pacto de la circuncisión con Abraham y sus descendientes, y Abraham lo cumplió rápidamente, circuncidando a todos los varones de su casa, incluso él mismo e Ismael, como señal de su pacto con Dios.

EL CUMPLIMIENTO

Ah, al fin, la promesa se iba a cumplir, y todo estaría en paz en el campamento —o no. Aunque Sara, entonces de 90 años, y Abraham de 100 años, se regocijaron con el nacimiento de su hijo, Isaac, no todos estaban tan entusiasmados. Abraham indudablemente continuó amando al hijo de Agar, Ismael, pero el muchacho, ya no era el favorito ni el legítimo heredero.

Entonces, cuando Isaac tenía tres o cuatro años, el tiempo en que tradicionalmente los niños eran destetados, Abraham realizó una gran fiesta para celebrar el acontecimiento. Durante la celebración Sara descubrió a Ismael burlándose o mofándose de Isaac, y siendo una típica madre protectora, eso no le gustó nada.

"Echa a esta sierva y a su hijo, porque el hijo de esta sierva no ha de heredar con Isaac mi hijo" (Génesis 21:10), le dijo a Abraham. Sara quería dejar bien en claro que consideraba a su hijo el único heredero, el único hijo legítimo, y que Ismael no tenía parte en la herencia o en la promesa de Dios. La Biblia dice que las palabras de Sara *"le parecieron muy graves a Abraham, por tratarse de su hijo"* (Génesis 21:11, RV95).

Volvemos a ver que Abraham amaba a Ismael y no quería desheredarlo, aunque sabía que Isaac era el legítimo heredero. Pero Dios, en su infinita misericordia y bondad, le habló otra vez a Abraham y le aseguró que aunque Sara tenía razón y la promesa se realizaría solamente por medio de Isaac, Él seguiría bendiciendo a Ismael y *"también del hijo de la sierva haré una gran nación porque es tu descendiente"* (Génesis 21:13). Y así, una vez más, actuando en obediencia a Dios, Abraham *"se levantó muy de mañana, y tomó pan, y un odre de agua, y lo dio a Agar, poniéndolo sobre su hombro, y le entregó el muchacho, y la despidió. Y ella salió y anduvo errante por el desierto de Beerseba"* (Génesis 21:14).

¡Cómo debe de haber entristecido esto a Abraham, y qué aterrador debe haber sido para Agar e Ismael! Sin embargo, el resto del capítulo muestra que Dios, como siempre, fue fiel a su promesa y proveyó para Agar e Ismael.

No obstante, si Abraham pensó que sacar del campamento a Agar e Ismael había sido difícil, la verdadera prueba todavía estaba por venir. En Génesis 22 vemos que Dios le habla a Abraham de nuevo, esta vez ordenándole que lleve a su hijo— *"tu hijo, tu único, Isaac, a quien amas"* (Génesis 22:2) —y lo sacrifique como ofrenda quemada a Dios.

Bien, si yo fuera Sara, tendría un grave problema con este asunto. Esperé 90 años para tener un hijo, y ahora Dios quiere que mi esposo lo mate. Sobre mi cadáver —o el suyo— pero ¡no sobre el de mi hijo! De ningún modo. Eso sería llevar demasiado lejos la obediencia y la sumisión, ¿no lo cree?

Lo cual me hace pensar que Abraham no le habló a Sara acerca de la última palabra de Dios para él. En realidad, Sara ni siquiera es mencionada en Génesis 22, y no puedo sino creer que es exactamente por esa razón.

Abraham *"se levantó muy de mañana, y enalbardó su asno, y tomó consigo dos siervos suyos, y a Isaac su hijo; y cortó la leña para el holocausto, y se levantó, y fue al lugar que Dios le dijo"* (Génesis 22:3). Quizás fue temprano para no tener que explicarle a Sara lo que estaba haciendo. Abraham conocía bien a su esposa; sabía que era fiel, consciente de sus deberes y obediente. También sabía que ella tenía límites y probablemente éste fuera uno de ellos.

> *Estaba colocando toda su fe en la promesa de Dios de que una gran nación surgiría de Isaac, por lo tanto, tenía que creer que Dios tenía un plan, aunque Abraham no tuviese ni idea de cuál era.*

Se preparó muy temprano para cumplir la tarea que Dios le había encomendado realizar. Es aquí donde vemos una de las primeras y más claras representaciones de Dios ofreciendo a su propio Hijo, Jesús, 2,000 años más tarde. Mientras a Abraham, con el corazón tan angustiado, los pies deben de haberle pesado como plomo, marchando con dificultad, Isaac tenía una pregunta para hacerle: *"He aquí el fuego y la leña; mas ¿dónde está el cordero para el holocausto?"* (Génesis 22:7). Y entonces vino una de las mayores afirmaciones que la fe ha realizado: *"Dios se proveerá de cordero para el holocausto, hijo mío"* (Génesis22:8).

Abraham estaba colocando toda su fe en la promesa de Dios de que una gran nación surgiría de Isaac, por lo tanto, tenía que creer que Dios tenía un plan, aunque Abraham no tuviese ni idea de cuál era. Aunque eso significara que Dios levantase a Isaac de la muerte para cumplir su promesa, Abraham creyó que Él lo haría.

Abraham estaba listo para clavar el cuchillo en el corazón de su amado hijo cuando el Ángel del Señor lo detuvo. *"No extiendas tu mano sobre el muchacho, ni le hagas nada; porque ya conozco* que temes a Dios, por cuanto no me rehusaste tu hijo, tu único" (Génesis 22:12).

Entonces Abraham *"alzó...sus ojos y miró, y he aquí a sus espaldas un carnero trabado en un zarzal por sus cuernos; y fue Abraham y tomó el carnero, y lo ofreció en holocausto en lugar de su hijo"* (Génesis 22:13). Dios verdaderamente *"se proveyó de cordero para el holocausto"*, como Abraham le había dicho a Isaac. Y así *"llamó Abraham el nombre de aquel lugar, Jehová proveerá. Por tanto se dice hoy: En el monte de Jehová será provisto"* (Génesis 22:14).

Cuando Dios volvió a hablar, fue para bendecir a Abraham y a todos los que serían sus descendientes:

> *"Por mí mismo he jurado, dice Jehová, que por cuanto has hecho esto, y no me has rehusado tu hijo, tu único hijo; de cierto te bendeciré, y multiplicaré tu descendencia como las estrellas del cielo y como la arena que está a la orilla del mar; y tu descendencia poseerá las puertas de sus enemigos. En tu simiente serán benditas todas las naciones de la tierra, por cuanto obedeciste a mi voz".*
>
> —GÉNESIS 22:16-18

Así la promesa ha continuado a través de las centurias, como también la enemistad entre los descendientes de Ismael e Isaac.

En cuanto a Sara, vivió hasta los 127 años, después de lo cual Abraham la sepultó e hizo duelo por ella durante muchos días. Era obvio que esta pareja compartió un gran amor recíproco, e Isaac fue el producto de ese amor y de la promesa de Dios. La amada Sara, aunque tenía 90 años cuando nació su único hijo, tuvo el gozo y el privilegio de verlo crecer hasta la adultez, aunque sin duda vivió con el pesar de no haber esperado que Dios cumpliera su promesa y en cambio haber dado su sierva egipcia a su marido y haber tenido que lidiar con las secuelas de esa relación y sus consecuencias.

Sara también tiene el honor de ser listada en la "galería de la fe" de Hebreos, donde se dice de ella:

"Por la fe también la misma Sara, siendo estéril, recibió fuerza para concebir; y dio a luz aun fuera del tiempo de la edad, porque creyó que era fiel quien lo había prometido. Por lo cual también, de uno, y ése ya casi muerto, salieron como las estrellas del cielo en multitud, y como la arena innumerable que está a la orilla del mar".

—Hebreos 11:11-12

Aunque Sara y Abraham se impacientaron y titubearon en su fe, como muchos de nosotros, volvieron a caminar en las promesas de Dios, y como resultado se los conoció como el padre y la madre de muchas naciones, incluso y especialmente del pueblo elegido de Dios, Israel.

"La maternidad es un camino de fe muy importante. ¡Mis hijos nunca hubieran sobrevivido sin esa línea directa con el cielo como guía!"

—**Annetta Dillinger, escritora, oradora**

1. Al leer sobre la vida de Sara antes de que ella y Abraham salieran de Ur, así como los muchos años que anduvieron por el desierto mientras esperaban el cumplimiento de la promesa de Dios de darles un hijo, ¿Cómo han cambiado sus sentimientos hacia ella y la decisión que tomó respecto de Agar?

2. ¿Qué situaciones de su propia vida reflejan la "decisión por Agar" tomada por Sara, de abandonar lo mejor que Dios tiene y conformarse con menos?

3. Considerando las repercusiones generacionales de la decisión de Sara, ¿qué puede hacer en su propia vida para asegurarse de que sus descendientes caminen en bendición, en vez de hacerlo en confusión y enemistad?

"Ningún hombre que tenga una madre piadosa es pobre."

—Abraham Lincoln, Presidente de los EE.UU.

ORACIÓN DE UNA MADRE:

Padre, danos corazones dispuestos a buscarte, a esperar en ti, y a seguir caminando en la verdad y en las promesas que tú nos has dado. En el nombre de Jesús. Amén.

> **"Quien toma a un niño de la mano toma el corazón de una madre."**
>
> **—Proverbio**

"Dios hace que el ser madre sea difícil."

—Lynda Allison Doty, escritora

CAPÍTULO 3

Rebeca: El peligro del favoritismo

Antes que él [el siervo de Abraham] *acabase de hablar, he aquí Rebeca... la cual salía con su cántaro sobre su hombro... Y la doncella era de aspecto muy hermoso, virgen..."*
—Génesis 24:15, 16 (aclaración entre corchetes añadida).

LECTURAS BÍBLICAS SUGERIDAS:
Génesis 23:17- 20; 24:1-4, 58, 66-67; 25:20-28; 27:6-12: 28:5

COMO MADRE, ¿ALGUNA vez ha estado tentada de cubrir a su hijo o incluso mentir por él para obtener un trato especial o anular consecuencias negativas en la vida de ese niño, en vez de confiar en que el Señor obre según sus propósitos? ¿Alguna vez ha estado implicada en una situación familiar donde había "favoritismo" entre los hermanos? Aunque este capítulo describe a Rebeca como una amorosa esposa y madre de mellizos, termina favoreciendo al hijo menor, mientras que su esposo favorece al mayor. Esto resulta en mucha manipulación y estratagemas, así como en engaño categórico y artimañas, lo cual literalmente conduce a la ruptura física de la familia. Es una historia trágica, que tiene mucho para decirnos en situaciones similares de hoy.

Se nos presenta primero a Rebeca, literalmente, "en alas de una oración". Como relató más tarde Eliezer, el siervo de Abraham, a Labán hermano de Rebeca: *"Antes que acabase de hablar en mi corazón, he aquí Rebeca, que salía..."* (Génesis 24:45). En un marco de romance y pureza, bañado en oración, esta hermosa virgen, que cumplía con la rutinaria tarea de llevar agua para ella y su familia, aparece e ingresa en el destino que Dios le había dispuesto, acordando casarse con Isaac, el hijo de Abraham y convirtiéndose finalmente en una de las grandes matriarcas de la Biblia. Es una manera bíblica e idílica de comenzar un matrimonio, pero —como muchos de nosotros podemos testificar— nuestras vidas y relaciones no siempre han comenzado ni seguido un patrón tan perfecto.

Sin embargo, antes de que piense que la vida de Rebeca posiblemente no tenga ninguna relevancia para la suya, considere el hecho de que esta joven mujer experimentó muchas pruebas y angustias en el cumplimiento del llamado de su vida como esposa y madre. Echemos una mirada a Rebeca: de dónde vino, cómo acabó donde lo hizo, y el precio que pagó por algunas de las decisiones que tomó en su vida.

El pasado

Recordando que Abraham, Isaac y Jacob son considerados los tres patriarcas del pueblo judío, vemos aquí, en Génesis 23, el primer registro de un entierro judío, cuando Abraham compra la tierra en la que sepulta a su amada esposa Sara. Luego, en el capítulo siguiente, tenemos el primer registro de una boda judía, en que interviene un casamentero para reunir al novio y a la novia. El uso de un casamentero para arreglar los matrimonios es una práctica que el pueblo judío ha seguido por muchas generaciones, principalmente como medio para establecer una unión estable basada en la comprensión e intereses mutuos, y además para evitar los matrimonios mixtos con no-judíos, una práctica prohibida en todo el Antiguo Testamento.

Entonces, ¿por qué Abraham le pidió a su siervo que regresara a su tierra natal y encontrara esposa para Isaac entre sus propios parientes? ¿Por qué fue tan categórico en que su hijo no se casara con ninguna de las mujeres cananeas entre las cuales vivían ahora? Después de todo, Dios había llamado a Abraham a dejar su tierra y su parentela a fin de cumplir con los propósitos divinos respecto a él. Abraham había obedecido, y ahora vivía en una sociedad pagana. Pero su propia familia ¿era diferente?

En realidad no. Los parientes de Abraham también eran paganos, en que no adoraban al Dios verdadero (vea Josué 24:2). Pero la historia nos relata que la degradación moral de la sociedad cananea excedía en mucho a la practicada y tolerada en la tierra natal de Abraham. Además, una muchacha de una tierra lejana era menos probable que cayera en el estilo de vida extremadamente pecaminoso de los cananeos, y con probabilidad adoptaría y seguiría las creencias religiosas de Isaac, uniéndose a él para brillar como luz en las tinieblas, como Dios los había llamado a hacer.

> *Se nos presenta a Rebeca como una hermosa joven virgen,... pero no era todavía una adoradora del verdadero Dios.*

Implícito en la elección de Abraham, por supuesto, se hallaba el que eligiendo una esposa para Isaac de la sociedad menos moralmente corrupta de su juventud, sus nietos tendrían mayor posibilidad de crecer para reverenciar y adorar al verdadero Dios. En otras palabras, ya que no había otros verdaderos creyentes de entre los cuales elegir una esposa para su hijo, Abraham resolvió intentar encontrar la esposa más moral posible. Para eso, envió a su siervo de regreso al hogar y al pueblo de su infancia.

Vemos que, aunque se nos presenta a Rebeca como una hermosa joven virgen, que aparece en escena en respuesta a la oración, ella no era todavía una adoradora del verdadero Dios. Sin embargo, Abraham envió a su representante para elegirla como esposa de Isaac.

Hay algo muy significativo y sagrado para todos nosotros en este método de elegir una novia. Cuando Dios nos llama, o nos "elige", envía a su Espíritu Santo para atraernos, para prepararnos a fin de unir nuestras vidas a la de su Hijo Jesús. Antes de que eso ocurra, estamos, mayormente, viviendo como paganos en una sociedad pagana, no adorando al verdadero Dios. Muchos de nosotros no estábamos siquiera cerca de ser hermosas vírgenes castas en el sentido natural o moral cuando fuimos prometidos, o comprometidos, para Dios. Pero Él nos eligió de todos modos, sabiendo que su hermosura y su pureza nos cubrirían y, finalmente, nos transformaría en lo que Él se había propuesto respecto a nosotros: estar unidos a Él para brillar como luces en las tinieblas.

Sin embargo, antes de que Rebeca pudiera unirse en matrimonio con Isaac y cumplir su destino, había acordado convertirse en su esposa, como lo expresa Génesis 24:58. El casamentero había venido a preguntarle si regresaría con él para casarse con el hijo de su amo, aunque Rebeca tenía la opción de rehusarse a dejar su familia y su tierra natal. De la misma manera, cuando el Espíritu Santo viene y nos atrae, nos llama a unirnos a Jesús en una relación de amor eterno, debemos decir sí a su propuesta antes de unirnos a Él para siempre, listos para movernos hacia todo lo que ha dispuesto para nosotros. Si usted nunca le ha dicho sí a Jesús, ¿le gustaría hacer esta oración ahora? El Casamentero está esperando su respuesta.

> *Lo más importante para recordar acerca del pasado... no es si fue bueno o malo, sino que es pasado.*

Amado Señor, gracias por el gran amor que envió a tu Hijo a morir en mi lugar, y que ahora ha enviado a tu Espíritu Santo para llamarme hacia ti mismo. Acepto tu invitación, Señor. Quiero pertenecerte para siempre. Coloco mi fe en Jesucristo para la vida eterna. Perdona mi pasado. Toma mi vida y hazla brillar para ti en todo lo que me has llamado a hacer. Gracias, Señor. Oro en el nombre de Jesús. Amén.

Quizás usted le dijo sí a Jesús en algún momento, pero se ha encontrado retrocediendo a su vieja vida, aunque sea sólo en sus pensamientos. Si ése es el caso, ahora es el momento preciso para volver a comprometerse en esa relación de amor perfecto que nos hace libres para ser todo lo que Dios ha dispuesto para nosotras. Lo más importante para recordar acerca del pasado —el de Rebeca o el nuestro— no es si fue bueno o malo, sino que está en el pasado. Dios nos ha llamado a salir de ese pasado hacia una relación y un futuro con Él. *"Olvidando ciertamente lo que queda atrás, y extendiéndome a lo que está delante, prosigo a la meta, al premio del supremo llamamiento de Dios en Cristo Jesús"* (Filipenses 3:13-14). Recordando que hemos sido llamadas a ser parte de la novia de Cristo, la importancia de nuestro rol como madres comienza a adquirir una luz más noble, ¿no es así?

EL PRESENTE

Dejar atrás el pasado o enfocarse en el futuro no es a veces tan difícil como vivir en el presente, pero allí es donde estamos, ¿verdad? Hoy. Ya no más ayer, ni todavía mañana, sino hoy —y el hoy puede estar lleno de desafíos. Ciertamente lo estuvo para Rebeca.

Rebeca, así como su suegra antes que ella, era estéril. A pesar de su hermoso aspecto, su condición casta, así como su disposición a dejar su hogar y su familia para casarse con Isaac, no podía concebir un hijo. Y eso era una fuente de gran dolor para ella —y para Isaac. Sin embargo, Isaac había crecido oyendo, una y otra vez, la milagrosa historia de su propio nacimiento: cómo Dios les había prometido un hijo a Abraham y a Sara, y cuando eso ya no era físicamente posible para ellos, Dios intervino e hizo posible que sus padres lo engendraran. Así que cuando Rebeca no quedó embarazada pronto después de casarse, Isaac comenzó a orar a Dios para que abriera su matriz.

Isaac no esperó a pedirle a Dios hasta que él y Rebeca hubieran tratado —y fallado— durante cerca de veinte años, aunque pasó ese tiempo después de su casamiento antes de que nacieran Jacob y Esaú. Isaac comenzó a buscar a Dios tan pronto como se dio cuenta de que su amada Rebeca era estéril. En Génesis 25:21 —*"Y oró Isaac a Jehová por su mujer, que era estéril"*— la palabra hebrea para oró o rogó, *athar*, puede indicar mucho más que una simple petición. La palabra puede denotar urgencia, y una persistente y continua búsqueda del Señor respecto al asunto. Éste era un problema grave para Isaac y Rebeca, y probablemente causó mucho diálogo acalorado y emotivo entre ellos, especialmente porque, hasta ese punto de las Escrituras, parece que los hombres eran los únicos en ir directamente a Dios. Rebeca, que en esa etapa de su vida no quería otra cosa que ser madre, estaba ansiosa al saber que su esposo había estado buscando fervientemente a Dios a su favor.

Finalmente Dios respondió la oración de Isaac. En realidad, les dio una doble bendición: ¡mellizos! La Escritura relata que los mellizos *"luchaban dentro de ella"*, aunque la lucha no alcanza a describir lo que Rebeca experimentaba. Esto no era el movimiento común dentro del vientre que realizan todos los bebés. La palabra hebrea *ratsats*, traducida aquí como "luchaban", transmite connotaciones de "romper en pedazos, quebrar, magullar, machacar, desanimar, oprimir, luchar juntos". Es en este momento cuando vemos el primer registro del caso de una mujer apelando directamente a Dios: *"Y fue a consultar a Jehová"* (Génesis 25:22).

Asusta ser tan vulnerable, ¿verdad?

Vale la pena observar que antes de que ella quedara embarazada no hay mención de que Rebeca fuera directamente al Señor. Sin embargo, una vez que concibió y comenzó a sentir la batalla que había en su interior fue guiada a postrarse para buscar a Dios. ¿Por qué? Porque, sea cual fuere nuestra situación o circunstancia individual, la maternidad nos cambia. Hasta que una mujer siente vida dentro de su vientre, todo se trata de ella. Y después, de pronto, sus prioridades se reacomodan. Como Rebeca, quiere saber qué, cuándo, dónde, cómo y por qué. Y así, como madres, comenzamos a buscar a Dios a favor de nuestros hijos, aún antes de que nazcan.

Como mencioné en un capítulo anterior, existe un viejo refrán que dice que decidir tener un hijo es como decidir dejar que tu corazón ande por allí fuera de tu cuerpo por el resto de tu vida. Como dijo una anciana: "Cuando son niños, están sobre tus rodillas, pero cuando crecen, están sobre tu corazón". Hay mucha verdad en eso. Una vez que usted es madre —o padre, según el caso— durante el tiempo que viva, dondequiera que su hijo vaya y haga lo que haga, se lleva un gran trozo de su corazón con él. Asusta ser tan vulnerable, ¿no? Pero es magnífico también, cuando se da cuenta de que heredamos ese empuje hacia nuestros hijos del propio Padre celestial, Aquel cuyo amor y anhelo por nosotros se extiende mucho más allá de lo que podemos sentir o desear para nuestros propios hijos.

El deseo de Rebeca de ser madre se cumplió después de veinte largos años cuando nacieron sus hijos mellizos, Esaú y Jacob. Hasta en el nacimiento, como en el vientre, la rivalidad entre hermanos fue evidente. Aunque Esaú —cuyo nombre denota mucho vello así como también un sentido de rudeza, o mejor dicho muy "varonil" nació primero, Jacob estaba justo detrás agarrándose del tobillo de su hermano; así, su nombre, Jacob, que significa *"el que toma por el tobillo, o suplantador"* (que quiere decir "uno que derroca por poner una zancadilla").

La rivalidad continuó a través de los años, mientras se hacían más y más evidentes las diferentes personalidades de los muchachos y las preferencias de los padres. ¿Ha visto que eso suceda alguna vez? No es algo lindo de ver y no hace nada más que fomentar la rivalidad entre hermanos, como por cierto lo hizo en el caso de Esaú y Jacob. Aquí estaban estos dos hijos largamente esperados y por quienes se había orado tanto, cada uno siguiendo la inclinación de su personalidad individual, enfrentados uno con el otro, y cada uno, el mimado de uno de los padres.

La Palabra de Dios nos enseña *"Instruye al niño en su camino, y aun cuando fuere viejo no se apartará de él"* (Proverbios 22:6). Aunque nuestra primera área de dirección en este versículo es enseñar y capacitar a nuestros hijos en el camino de las Escrituras para que anden en ellos toda su vida, aquí hay implícito otro significado. Como Dios es quien nos capacita —y a nuestros hijos— según su propósito para nuestras vidas, es importante que reconozcamos y fomentemos los dones individuales de nuestros hijos. En vez de compararlos uno con el otro o tratar de transformarlos en algo que Dios no los llamó a ser. Lamentablemente, esto es lo que ocurrió con Esaú y Jacob.

Esaú, el muy "varonil", amaba la caza y la pesca, y trabajaba en el campo. Rápidamente se transformó en el favorito de su padre, mientras que Jacob, una clase de muchacho más reflexivo, introspectivo, y sensible, andaba por allí cerca de su madre, y atrapó fácilmente el primer lugar en su corazón. En realidad, vemos en Génesis 25:29-34 que a Jacob le gustaba cocinar. Mientras Esaú estaba en "campo abierto", Jacob estaba en su casa cocinando guisado. Esaú, hambriento por haber estado todo el día en el campo, vino y pidió a su hermano algo para comer. Jacob, siempre el maquinador que "toma por el calcañar", acordó venderle un poco de su guisado ¡a cambio de la primogenitura que le pertenecía al hijo mayor! Ahí fue cuando Esaú, de poca visión como era, hizo uno de los peores trueques de la historia del mundo: el derecho del primogénito, que incluía ser el sacerdote de la familia así como también ser el primero en la línea para heredar todo lo que poseía su padre, por un plato de guiso.

La rivalidad entre hermanos en esta familia comenzó en el vientre de la madre y continuó en la adultez, causando indecible dolor a Rebeca e Isaac. Sin embargo, estos padres, al tener favoritos, aumentaron el problema en vez de resolverlo. Como resultado inmediato, perdieron la calidez y unidad que debería ser parte normal de todas las familias que se aman uno al otro simplemente por lo que *son*, en vez de por lo que hacen, o por el tipo de personalidad que puedan tener.

> *Perdieron la calidez y unidad que debería ser parte normal de todas las familias.*

Rebeca había dejado atrás su pasado y finalmente había recibido lo que tanto tiempo había deseado: hijos. Pero las cosas no habían resultado tan perfectas como esperaba. Su presente no era lo que ella esperaba. Aunque indudablemente le agradaba que Jacob hubiera logrado usurpar la primogenitura de Esaú, también tenía que darse cuenta de que la transferencia de esa primogenitura sólo había profundizado la brecha entre sus hijos. Lo que ella todavía no sabía era que las cosas empeorarían mucho antes de mejorar y le costaría mucho más que lo que su corazón de madre podría imaginar.

¿Puede haber algo peor para una madre que tener un hijo, a quien ha amado y acariciado a lo largo de sus años de crecimiento, que se mude muy lejos, y que nunca más vuelva a verlo ni a oír de él? Creo que sí. Saber que ella era la causa de la partida de ese hijo empeoraba mucho más el dolor de su ausencia. Eso es lo que le ocurrió a Rebeca, la madre cuyos sueños para su hijo favorito, Jacob, la movieron a tomar decisiones necias y cosechó trágicas consecuencias. Veamos cómo sucedió esto.

En los tiempos bíblicos, los nombres significaban algo. Había una razón por la cual los hijos de Isaac y Rebeca tenían los nombres Esaú y Jacob. En verdad, existía más de una razón, como usualmente sucede. El razonamiento obvio fue lo que sus padres vieron cuando sus hijos nacieron: Esaú tenía mucho pelo y era, probablemente un bebé muy agresivo, así que el nombre Esaú era adecuado. Jacob, por supuesto, nació asido con la mano del tobillo de su hermano, así que "el que toma por el calcañar" lo describía perfectamente. Pero a menudo los nombres se vuelven proféticos, como vemos en la vida de estos gemelos cuando llegaron a ser hombres. Esaú era sin duda el más agresivo físicamente de los dos, mientras que Jacob siempre estaba buscando una manera de detener a Esaú en su camino y tomar de él algo de valor sobre lo cual pudiera poner sus manos, aunque eso implicara artimañas y engaño.

¿De dónde heredaron estos muchachos esas características? Esaú era inclinado a las actividades al aire libre, tal vez muy semejante a su padre Isaac. Jacob, por su parte, mostraba muchos de los rasgos de su madre, incluyendo el uso de artimañas y engaño para salirse con la suya. Rebeca —hermosa y casta virgen como era cuando se casó con Isaac— tenía el primer premio en cuanto se refiere a engaño. No le bastaba que Jacob hubiera procurado la primogenitura de su hermano; ella quería que su preferido lo tuviera todo, incluyendo la parte del león de las bendiciones patriarcales, que eran lo mismo que profecías para el

Rebeca había permitido que su amor por Jacob sobrepasara su amor por Dios.

futuro de los hijos. Rebeca estaba decidida a hacer lo que fuera necesario para ver que Jacob obtuviera esa bendición.

¿Qué movió a Rebeca a estar dispuesta a recurrir a esos medios tan arteros? ¿Podría ocurrir que, como muchas madres, su amor por su hijo a veces anulara su buen criterio? Posiblemente. Sin embargo, creo que fue más que eso. Rebeca había permitido que su amor por su hijo sobrepasara no sólo al amor por su otro hijo, Esaú, y aún por su esposo Isaac, sino también su amor por Dios. Y ésa es una situación muy peligrosa.

Jesús advirtió acerca de esto cuando dijo: *"Si alguno viene a mí, y no aborrece a su padre, y madre, y mujer, e hijos, y hermanos, y hermanas, y aun también su propia vida, no puede ser mi discípulo"* (Lucas 14:26). Obviamente, Jesús no estaba diciendo que teníamos que odiar o despreciar a los integrantes de nuestra familia, ni siquiera a nosotros mismos, para ser sus discípulos; lo que estaba diciendo es que Él debe estar primero. En la vida de Rebeca, esto no sucedía. La honorable posición de maternidad, a la cual había sido llamada por Dios, fue deshonrada por sus prioridades equivocadas.

Rebeca, por su desordenado amor por su segundo hijo, consiguió su ayuda para engañar a Isaac, que ya era anciano y ciego, como si estuviera yaciendo en el lecho de muerte, a merced de una familia en la que él debería haber podido confiar. Rebeca había oído al pasar que Isaac le pedía a Esaú algo de su comida favorita como parte de la ocasión en que daría su bendición al hijo mayor. Sabiendo que a Esaú le llevaría bastante tiempo cazar, aderezar y preparar la caza, ella intervino sustrayendo dos cabritos del rebaño y cocinándolos antes de que Esaú pudiera regresar. Luego envió a Jacob —disfrazado como Esaú y llevando la comida— a engañar a su padre.

Aunque Isaac sospechó al principio, el engaño funcionó, y la bendición dispuesta para Esaú le fue otorgada, en cambio, a Jacob. Cuando Esaú regresó con la carne que había cazado y preparado para su padre, se dio cuenta de que ya era demasiado tarde. Aunque lloró y rogó a su padre que también lo bendijera, Isaac rehusó revocar la bendición original. Aunque había sido otorgada mediante artimañas, no sería retirada. En el camino había quedado poco de bendición para Esaú.

No hace falta decirlo, esto hizo escalar la rivalidad entre los hermanos hasta que llegó a ser un profundo odio dentro de Esaú y un peligro para Jacob.

> "Y aborreció Esaú a Jacob por la bendición con que su padre le había bendecido, y dijo en su corazón: Llegarán los días del luto de mi padre, y yo mataré a mi hermano Jacob."
>
> —GÉNESIS 27:41

Aparentemente, aunque hablaba consigo mismo, pronunció esas palabras en voz alta porque el versículo siguiente nos dice que cuando Rebeca supo lo que había dicho Esaú, envió a llamar a Jacob y le dijo:

> "... Esaú tu hermano se consuela acerca de ti con la idea de matarte. Ahora pues, hijo mío, obedece a mi voz; levántate y huye a casa de Labán mi hermano en Harán, y mora con él algunos días, hasta que el enojo de tu hermano se mitigue; hasta que se aplaque la ira de tu hermano contra ti, y olvide lo que le has hecho; yo enviaré entonces, y te traeré de allá".
>
> —GÉNESIS 27:42-45

Luego Rebeca aumentó el engaño al mentirle a Isaac, diciendo que ella deseaba enviar a Jacob a la familia de su hermano para encontrar una esposa a fin de que no eligiera casarse con una de las mujeres paganas de donde vivían. Isaac estuvo de acuerdo y *"así envió Isaac a Jacob"* (Génesis 28:5).

Qué trágico. Como resultado del engaño de Rebeca, su amado Jacob fue obligado a huir por su vida. La pobre Rebeca seguramente subestimó la medida del enojo y el resentimiento de Esaú hacia su hermano porque le dijo a Jacob que una vez que el enojo de Esaú se acabara y olvidara lo que le había hecho, ella le avisaría para que regresara. Lamentablemente,

Todo lo que le quedó a Rebeca fue Esaú, un hijo que siempre recordaría.

Rebeca murió antes de que ese día llegara. Cuando Isaac *"envió... a Jacob"* (Génesis 28:5), fue la última vez que esta madre anciana vio a su hijo favorito. En cambio, terminó sus días con un esposo que había perdido mucho la confianza en ella, debido a su participación en el engaño de Jacob. Luego, una vez que Isaac murió, todo lo que le quedó a Rebeca fue Esaú, un hijo que siempre recordaría la participación de su madre para ayudar a Jacob a robarle la bendición del padre. Para cuando Jacob regresó al hogar veinte años más tarde, Rebeca también había muerto.

Y sin embargo, antes de condenar tan duramente a Rebeca, ¿no fue Dios mismo quién declaró que *"el mayor servirá al menor"*? ¿Rebeca no habrá estado simplemente "ayudando" a Dios al asegurarse de que su voluntad y sus propósitos se cumplieran?

Cierto, Dios en verdad había declarado exactamente eso, y fue a Rebeca a quién Él habló esas palabras. El mismo hecho de que Rebeca haya ido a Dios cuando estaba embarazada muestra que se había unido a Isaac en su fe y en la adoración al Dios verdadero. El hecho de que haya creído lo que Dios le dijo acerca del futuro de los hijos que estaban en su vientre, y haya empezado a pensar en Jacob como el favorecido por Dios puede haber afectado sus propios sentimientos hacia ambos hijos. Donde ella cometió el error y su fe titubeó fue cuando permitió que su apego a Jacob sustituyera su relación con Dios y con los otros miembros de la familia. Como resultado comenzó a maquinar, manipular y tratar de "ayudar" a Dios a cumplir su promesa, en oposición a la advertencia y la enseñanza de Dios: *"La mujer sabia edifica su casa; mas la necia con sus manos la derriba"* (Proverbios 14:1).

La mujer sabia edifica, la necia derriba. Edificamos nuestra casa cuando edificamos sobre el fundamento de la obediencia reverente a Dios y la fe en su capacidad para hacer lo que ha prometido; la derribamos cuando recurrimos a nuestros propios recursos, más allá de nuestras intenciones. Nuestra desobediencia y necedad no invalidan la capacidad de Dios para cumplir sus propósitos o incluso usar nuestras acciones, ni tampoco invalidan el honor y la dignidad de la maternidad. Sin embargo, ciertamente acarrean consecuencias trágicas.

¿Puede identificarse? ¿Alguna vez se ha encontrado a sí misma tratando de "ayudar "a Dios, especialmente cuando se trata de una situación muy cercana a usted —particularmente si involucra a sus hijos? Todos lo hemos hecho, en mayor o menor grado. Y tratamos de convencernos de que está bien porque, después de todo, nuestras intenciones son buenas y la voluntad de Dios y sus propósitos son siempre buenos, así que ¿por qué iba a estar mal un poquito de manipulación para que se cumpla su voluntad?

Si el ejemplo de Rebeca no es suficiente advertencia, recuerde a Sara, la suegra de Rebeca. Dios había prometido un hijo —finalmente Isaac— a Abraham y a Sara, pero ellos eran ancianos y nada ocurría. Así que Sara decidió ayudar a Dios dando su sierva, Agar, a Abraham para que tuvieran juntos un hijo. De esa unión vino Ismael —y más problemas de los que Sara jamás hubiera podido imaginar. Los descendientes de Isaac e Ismael siguen luchando hasta este día, todo porque Sara se impacientó y decidió tomar el problema en sus propias manos.

Entonces, ¿estaba Rebeca fuera de la voluntad de Dios cuando ayudó a Jacob a robar la bendición de Esaú? ¿No debería haber sido suya de todos modos si él iba a regir sobre su hermano mayor? Contestemos esas preguntas planteando otras:

- ¿Era Dios capaz y fiel para cumplir la promesa y el propósito sin el engaño ni la manipulación de Rebeca? Absolutamente. El engaño y la manipulación no son de Dios, nunca. Son características que lisa y llanamente no están presentes en el carácter de Dios.
- ¿Usó Dios las situaciones creadas por engaño y manipulación para cumplir sus propósitos? Otra vez, absolutamente no. Los planes y los propósitos de Dios nunca se desvían por nuestra debilidad y pecado. Dios puede cumplir y cumplirá sus propósitos, a pesar de nuestras elecciones (vea Job 42:2; Romanos 8:28). Sin embargo, no necesariamente invalida las consecuencias de esas decisiones.

Trágicamente, la madre que comenzó su vida con tanta pureza e inocencia acabó sus días esperando a su amado hijo, agonizando por volver a tenerlo en sus brazos y sin vivir lo suficiente para verlo

Los últimos años de la vida de Rebeca fueron vacíos y tristes.

regresar en triunfo con sus esposas, sus hijos, sus rebaños, sus manadas y sus riquezas. El futuro de Jacob como padre de las doce tribus de Israel estaba asegurado, pero los últimos años de la vida de Rebeca —que podría haberlos pasado con los hijos de Jacob en su regazo— fueron vacíos y tristes.

Fue un gran precio a pagar, pero la declaración profética de Dios se cumplió, como siempre, se cumple y siempre se cumplirá.

"Dios, en su soberanía, reconstruirá los sueños que usted tiene tan cerca de su corazón, los sueños para sus hijos y también para usted mismo."

—Judy Dippel, escritora

Algo para meditar o anotar en su diario:

1. ¿Qué situaciones de su vida, especialmente como madre, la tientan a tratar de "ayudar" a Dios a cumplir sus propósitos?

2. Si usted ha cedido a esas tentaciones, como la mayoría de nosotras en algún momento, ¿cuáles fueron las consecuencias?

3. ¿Qué puede hacer para asegurarse de no volver a caer en esa clase de tentación?

> *"Cada madre es como Moisés. No entra a la tierra prometida. Prepara un mundo que ella no verá."*
>
> **—Papa Paulo VI**

Oración de una madre

Amado Señor, ayúdame a recordar siempre que son tus promesas y tus propósitos los que deben cumplirse —no los míos— y que se cumplirán mejor a tu manera y en tu tiempo. Sella eso en mi corazón, Padre, y ayúdame a caminar honrando la maternidad y dándote gracias por la bendición de los hijos. En el nombre de Jesús. Amén.

"El amor de una madre trasciende el espacio y el tiempo."

—Dayle Shockley, escritora

"Se manifiestan resultados positivos por medio de las madres que perseveran en oración."

—Jean Whitlow, madre, abuela y ministro

CAPÍTULO 4

Raquel y Lea: La competencia entre hijos

Y Labán tenía dos hijas: el nombre de la mayor era Lea, y el nombre de la menor, Raquel... Y Jacob amó a Raquel.
—Génesis 29:16, 18.

LECTURAS BÍBLICAS SUGERIDAS:
Génesis 29-33; 35:16-19; 46:15-18; Rut 4:11; Jeremías 31:15; Mateo 2:18

¿HA OBSERVADO QUE todas las familias, incluyendo la nuestra, tienen ciertas características, algunas buenas, otras... bien, no tan buenas? Esto siempre ha sido así, incluso en la familia y en los descendientes del gran patriarca Abraham.

¿Recuerda la esposa de Abraham, Sara, y la continua competencia que tenía con Agar después que nació Ismael, mucho antes de que Isaac fuera concebido? Y después estuvo la competencia entre los mellizos de Isaac y Rebeca, Esaú y Jacob, mucha de la cual fue instigada o al menos acentuado por el favoritismo de Rebeca hacia Jacob.

En la siguiente generación de la familia de Abraham y Sara, encontramos un nivel de competencia entre Raquel y Lea que sólo puede encontrarse entre dos hermanas, casadas con el mismo hombre. Si usted ha competido alguna vez con una hermana —o amiga, o quizás hasta con la anterior cónyuge de su esposo— encontrará particularmente interesante este capítulo.

❖❖❖

Aunque las Escrituras no nos lo dicen específicamente, es fácil suponer que Raquel y Lea vivían compitiendo mucho antes de que Jacob entrara en la refriega. Lea era la hija mayor, una posición que acarreaba ciertas responsabilidades y privilegios, de los cuales no era el menor el supuesto derecho a casarse antes que las hermanas menores. Raquel, por su parte, era la más hermosa de las dos, un hecho que indudablemente no pasaba desapercibido para ninguna de ellas.

Podemos imaginar que había habido otros pretendientes antes que Jacob, quienes fueron presentados y alentados a buscar a Lea, aun cuando su atención se dirigiera a Raquel. Pero desde la primera vez que Jacob puso sus ojos en la hermosa pastorcita llamada Raquel, se preparó la escena para un conflicto de competencia que enfrentaría hermana contra hermana, esposa contra esposo, hija contra padre —y, finalmente, hermano contra hermano.

Jacob, por supuesto, no sabía nada de esto cuando llegó a las colinas bajas cerca de la ciudad de Padan-aram, a más de 500 millas de distancia de su hogar en lo que hoy se conoce como Palestina. Era simplemente un hombre con una misión —concretamente era escapar de la ira de su hermano, Esaú, a quien había engañado (con la ayuda de su madre, Rebeca)—, y con la misión secundaria de encontrar una esposa entre los parientes de su madre. Poco sabía Jacob que él, el embaucador y engañador de su hermano, estaba a punto de ser engañado de una manera que afectaría profundamente a sus descendientes en las generaciones por venir.

RAQUEL

En la cultura de los días de Jacob, no era raro que la gente fuera mucho más demostrativa que nosotros los de la cultura occidental actual. No era sorprendente, por lo tanto, que después de un largo viaje de más de 500 millas, Jacob estuviera emocionado y conmovido cuando se encontró con uno de los parientes de su madre —y seguramente no venía mal que fuera joven y hermosa.

La Biblia nos dice que cuando Jacob vio a Raquel y se le dijo que era la hija de Labán, hermano de su madre, él fue y la saludó con un beso, y después *"alzó su voz y lloró"* (Génesis 29:11). Después, cuando le explicó que era el hijo de Rebeca, la igualmente conmovida y emotiva Raquel corrió hacia su padre y le contó las noticias.

Para ese entonces, por supuesto, Jacob ya estaba locamente enamorado. Cuando Labán llegó para darle la bienvenida y llevarlo a

El salario de siete años no era un monto pequeño.

su casa, se nos dice que Jacob *"estuvo con él [Labán] durante un mes"* (Génesis 29:14; aclaración entre corchetes añadida). Es una suposición segura que durante ese tiempo Jacob se ganó el sustento ayudando a Labán, porque en el versículo 15 éste le dice: *"¿Por ser tú mi hermano, me servirás de balde? Dime cuál será tu salario"*.

Aquí vemos la primera insinuación de cuán profundos eran los sentimientos de Jacob por Raquel, cuando respondió: *"Yo te serviré siete años por Raquel tu hija menor"* (Génesis 29:18).

El salario de siete años no era un monto pequeño; en realidad era considerablemente más que la cotización corriente de las novias de su tiempo —y el astuto tío Labán lo sabía. También sabía que tenía una hija mayor, Lea de ojos *"delicados"* (Génesis 29:17), a quien intentaba casar por lo menos antes de desprenderse de Raquel. Por supuesto, ignoró convenientemente ese hecho cuando le respondió a Jacob diciendo: *"Mejor es que te la dé a ti, y no que la dé a otro hombre; quédate conmigo"* (Génesis 29:19).

Y así Jacob entró en un trato por siete años con Labán, esperando expectante poder recibir, al final de ese periodo, a su amada Raquel como esposa. En realidad, el versículo 20 nos muestra cuán intenso era el amor de Jacob por Raquel: *"Y así sirvió Jacob por Raquel siete años; y le parecieron como pocos días, porque la amaba"*.

Al final de esos siete años, durante los cuales Labán se benefició grandemente con el trabajo a conciencia de Jacob, éste dijo a su tío: *"Dame mi mujer, porque mi tiempo se ha cumplido, para unirme a ella"* (Génesis 29:21).

¡Al fin! Más de siete años después de la primera vez en que había sido cautivado al ver la hermosa joven pastora llamada Raquel, Jacob estaba a punto de tomarla como su esposa, o eso se le había hecho creer. Pero Labán tenía una gran trampa en su manga. Cuando terminó la fiesta de la boda y fue tiempo de que Jacob fuese con su flamante esposa a consumar el matrimonio, Labán había sustituido a Raquel por Lea. Debido a la costumbre de esa época, que consistía en conducir la novia hacia su esposo al amparo de la oscuridad, eso no fue tan difícil como podría pensarse ya que ni Raquel ni Lea delataron a su astuto papá.

Por cierto, sólo podemos preguntarnos por los motivos de Raquel para no decir nada. ¿No estuvo al tanto del cambio hasta que fue demasiado tarde? ¿Le fue ordenado permanecer en silencio por su padre a quien ella todavía debía obediencia? ¿Sería posible que no correspondiera los sentimientos de Jacob por ella? Lo dudo, ya que más tarde la vemos competir ferozmente con su hermana por las atenciones de Jacob. Cualquiera haya sido la razón, Raquel no dijo nada, y las tácticas "de hacer tragar el anzuelo" de Labán funcionaron, pues a la mañana siguiente Jacob despertó para encontrarse durmiendo junto a la Lea de "delicados ojos", en vez de la increíblemente hermosa Raquel y eso lo enojó mucho.

"¿Qué es esto que me has hecho?", preguntó Jacob en el versículo 25. *"¿No te he servido por Raquel? ¿Por qué, pues, me has engañado?"*

La respuesta de Labán era tanto previsible como lógica —para ese día y época— y dejó a Jacob con muy pocas alternativas si seguía queriendo a Raquel como esposa.

"No se hace así en nuestro lugar, que se dé la menor antes de la mayor", explicó Labán. *"Cumple la semana de ésta, y se te dará también la otra, por el servicio que hagas conmigo por otros siete años"* (Génesis 29:27).

Observe la brevedad del registro de la explicación de Labán. Había una razón para eso, concretamente, que él se daba cuenta de que no le estaba diciendo a Jacob algo que ya no supiera. Jacob, sin embargo, había pensado sortear la bien conocida tradición cultural de que la hija mayor se casaba antes por medio del trato que había hecho con Labán, pero no pudo ser. Lea se convirtió en esposa de Jacob porque era la hija mayor de Labán. Entonces, si Jacob estaba dispuesto a trabajar otros siete años, podría tener también a Raquel. Ése era el trato, tómalo o déjalo.

Él lo aceptó y el resto, como se dice, es historia. Según el versículo 28, Jacob "cumplió" la semana de Lea, dándole la atención que una flamante novia merecía, y luego tomó a Raquel como segunda esposa —la esposa de su corazón— y Lea fue relegada rápidamente a un segundo lugar. El triángulo quedó establecido, y mientras Jacob trabajaba para completar su segundo periodo de siete años, la competencia aumentó a niveles inimaginados.

LEA

Especulamos sobre por qué Raquel no le dijo nada a Jacob sobre el engaño de su padre, pero ¿por qué Lea se mantuvo en silencio? ¿Se sentía atraída por Jacob, deseándolo para sí? ¿Estaba cansada de que Raquel captara toda su atención, mientras que ella languidecía entre bastidores? ¿Estaba decidida a obedecer a su padre y cumplir con la tradición cultural de casarse antes que su hermana? ¿Tenía temor de que Jacob pudiera ser su única oportunidad de encontrar un esposo?

> *Y eso alimentó el fuego para algunas durísimas competencias.*

Posiblemente la respuesta es sí a todo lo anterior. Una vez más, no conocemos realmente las motivaciones de Lea, pero las posibilidades son numerosas. Cualquiera que fueron la razón, continuó con el engaño de su padre y ganó un esposo, al menos de nombre. ¿Pero alguna vez obtuvo su corazón? Al grado en que lo hizo Raquel probablemente no, aunque por cierto no significa que no lo haya intentado. Y eso alimentó el fuego para algunas durísimas competencias.

Así que, ¿dónde estaba Dios en todo esto? Estaba exactamente donde siempre está: Profundamente envuelto en cada aspecto de nuestras vidas, cuidando de nosotros y obrando en todas las cosas para lograr que sus propósitos se cumplan, aún cuando las circunstancias sean distintas de las que Él hubiera deseado para nosotros.

Ciertamente Dios no es un Dios que defienda el engaño y sin embargo, Él puede usar hasta las circunstancias producidas por el engaño para cumplir sus planes. Y eso es lo que ocurrió en el caso de Jacob y sus dos esposas.

El versículo 30 nos relata que Jacob *"se llegó también a Raquel, y la amó también más que a Lea"*, y aunque Jacob haya hecho un especial esfuerzo para no hacer evidente su preferencia, Lea no era tonta. Puede haber permanecido en silencio sobre el engaño de su padre, pero seguramente tenía conocimiento del mismo. Sabía que ganaba un esposo por no tener otra opción, lo que no podía hacer mucho por la autoconfianza de una dama. Después de la primera semana de matrimonio de Lea, durante la cual Jacob "cumplió" su deber con ella, la pobre muchacha debe haber notado qué fría y solitaria era su cama cuando su esposo se batía en retirada de su habitación hacia la de Raquel. No debe haber sido una adaptación fácil, y "primera esposa" o no, Lea sabía que ella no era la primera elección de Jacob.

Es entonces donde entra Dios, como siempre lo hace, justo a tiempo. El versículo 31 dice: *"Y vio Jehová que Lea era menospreciada, y le dio hijos; pero Raquel era estéril"*. Esto no era una cosa pequeña en una cultura y un tiempo en que la mujer estéril era considerada maldita y los hombres contaban sus bendiciones por el número de hijos que tenían. Cómo debe de haberse henchido de gozo y esperanza el corazón de Lea cuando su abdomen aumentaba con el crecimiento del niño. Los versículos siguientes parecen confirmar ese pensamiento.

> *"Y concibió Lea, y dio a luz un hijo, y llamó su nombre Rubén, porque dijo: Ha mirado Jehová mi aflicción; ahora, por tanto, me amará mi marido. Concibió otra vez, y dio a luz un hijo, y dijo: Por cuanto oyó Jehová que yo era menospreciada, me ha dado también éste. Y llamó su nombre Simeón. Y concibió otra vez, y dio a luz un hijo, y dijo: Ahora esta vez se unirá mi marido conmigo, porque le he dado a luz tres hijos; por tanto, llamó su nombre Leví. Concibió otra vez, y dio a luz un hijo, y dijo: Esta vez alabaré a Jehová; por esto llamó su nombre Judá; y dejó de dar a luz."*
>
> —Génesis 29:32-35

Por los nombres que Lea dio a sus hijos, es fácil entender que con el nacimiento de cada uno de los tres primeros, esperaba ganar el amor de su esposo. Por el nacimiento de su cuarto hijo, Judá, su enfoque se movió de su esposo hacia Dios. ¿Es posible que para ese entonces haya dejado de intentar ganar el amor de su esposo y haya aprendido a encontrar su satisfacción en una relación de amor con Dios? Una vez más, estamos especulando, pero parecería que sí.

Lea, la de ojos delicados, la hermana mayor, pero menos atractiva, le había dado cuatro hijos a su esposo, mientras que Raquel, la hermana más hermosa y más amada, no le había dado ninguno. Qué animosidad y celos deben de haber marcado la relación de estas dos hermanas que compartían el mismo esposo y qué drama yacía delante de esta compleja familia siempre creciente.

PARA LA NUEVA GENERACIÓN

Los hijos de Jacob no cesaron con el nacimiento de los cuatro hijos de Lea. En Génesis 30 vemos que Raquel ha comenzado a culpar a Jacob por no quedar embarazada, aunque sin duda no era porque él no lo intentara. Cuando Raquel se puso furiosa con él y gritó: *"Dame hijos, o si no, me muero"* (Génesis 30:1), el pobre hombre se enojó con la mujer que amaba y le replicó: *"¿Soy yo acaso Dios, que te impidió el fruto de tu vientre?"* (Génesis 30:2).

> *Raquel no sólo quería hijos para presentar a su esposo, sino también para superar a su hermana.*

Él tenía razón, por supuesto. Jacob podía realizar el acto físico que precede al embarazo, pero no podía asegurar la concepción de un hijo. Sólo Dios podía abrir o cerrar una matriz, así que la demanda de Raquel carecía de sentido. Consciente de eso, recurrió a la costumbre de la época y dio a Jacob su sierva Bilha, diciendo: *"...llégate a ella, y dará a luz sobre mis rodillas, y yo también tendré hijos de ella"* (Génesis 30:3). Jacob oyó a su esposa, y pronto Bilha tuvo un hijo de Jacob, y Raquel lo llamó Dan, diciendo: *"Me juzgó Dios, y también oyó mi voz, y me dio un hijo"* (Génesis 30:6). Bilha pronto concibió otra vez y dio a luz otro hijo, a quien Raquel llamó Neftalí porque dijo: *"Con luchas de Dios he contendido con mi hermana, y he vencido"* (Génesis 30:8).

Raquel no sólo quería hijos para presentar a su esposo, sino también para superar a su hermana. La competencia continuaba —"luchas", según Raquel— y Jacob estaba atrapado en ella.

Para entonces Lea se dio cuenta de que ya no quedaba embarazada, así que ella también dio su sierva a Jacob, quien ahora tenía dos esposas y dos concubinas. La sierva de Lea, Zilpa, concibió y dio a luz un hijo a quien Lea llamó "Gad", que significa *"llega una tropa"* (Génesis 30:11), y luego otro hijo, a quien Lea llamó Aser, que significa *"Estoy feliz, porque las hijas me llamarán bendita"* (Génesis 30:13). La familia de Jacob crecía a pasos agigantados.

Entonces un día Rubén, el hijo de Lea, encontró algunas mandrágoras, un fruto que se creía aumentaba la fertilidad y mejoraba la posibilidad de concepción. Cuando Raquel vio las mandrágoras, le pidió algunas a Lea, pero ésta no se sentía muy generosa hacia su hermana menor.

"¿Es poco que hayas tomado a mi marido, sino que también te has de llevar las mandrágoras de mi hijo?" (Génesis 30:15), le preguntó Lea.

Usted casi puede ver el guiño de Raquel cuando le contesta: *"Pues dormirá contigo esta noche por las mandrágoras de tu hijo"* (Génesis 30:15).

Sea o no que las mandrágoras hicieran efecto, el versículo 16 nos dice que Jacob durmió con Lea esa noche. Luego el versículo 17 nos cuenta que *"Oyó Dios a Lea; y concibió, y dio a luz el quinto hijo a Jacob"* (Génesis 30:17). Llamó Isacar a este hijo, diciendo *"Dios me ha dado mi recompensa, por cuanto di mi sierva a mi marido"* (Génesis 30:18). Pronto Lea volvió a concebir y dio a luz aún otro hijo, llamado Zabulón, y declaró: *"Dios me ha dado una buena dote; ahora morará conmigo mi marido, porque le he dado a luz seis hijos"* (Génesis 30:20). El versículo 21 nos dice luego que Lea concibió y dio a luz una hija y la llamó Dina.

Entonces, en el versículo 22, vemos otra vez que Dios interviene para cumplir el deseo de un corazón y llevar a cabo su propio propósito:

> *"Y se acordó Dios de Raquel, y la oyó Dios, y le*
> *concedió hijos. Y concibió, y dio a luz un hijo, y*
> *dijo: Dios ha quitado mi afrenta; Y llamó su nombre*
> *José, diciendo: Añádame Jehová otro hijo."*
> —Génesis 30:22-24)

Raquel no sólo tuvo al fin un hijo sino que hizo una declaración profética de que tendría otro. El hecho de que Dios "se haya acordado" de ella y le haya dado un hijo ¿también le produjo fe que la capacitó para creer que vendría otro? Más especulación, pero seguramente es una posibilidad.

Para entonces Jacob llevaba cerca de veinte años viviendo con Labán, y anhelaba volver a su hogar. Según las leyes de su tiempo, sin embargo, no sería un cambio muy fácil, ya que Labán podía reclamar como propios no sólo a sus hijas, es decir Raquel y Lea, sino también a sus nietos. Así que Jacob comenzó a tramar y planear e instigar —algo en lo cual tanto él como Labán eran bastante expertos— para encontrar la manera de llevarse su familia y sus pertenencias, y regresar a la tierra de Abraham y Sara, Isaac y Rebeca.

Ahora, por primera vez, vemos a Raquel y a Lea unidas en un propósito. Por alguna razón, ellas querían dejar a su padre y regresar con Jacob a su hogar, de modo que trabajaron juntas con su esposo, aconsejándolo y guiándolo, para lograr que su sueño se hiciera realidad.

En verdad resulta sorprendente ver personas que han estado enemistadas por mucho tiempo unirse de pronto en un propósito común y hay una clara imagen de eso en Génesis 31, cuando Raquel y Lea hablan con Jacob al unísono, diciendo:

> *"¿Tenemos acaso parte o heredad en la casa de*
> *nuestro padre? ¿No nos tiene ya por extrañas, pues,*
> *que nos vendió, y aún se ha comido del todo nuestro*
> *precio? Porque toda la riqueza que Dios ha quitado*
> *a nuestro padre, nuestra es y de nuestros hijos;*
> *ahora, pues, haz todo lo que Dios te ha dicho."*
> —Génesis 30:14-16

Parece que las hijas no estaban contentas con el hecho de que su padre se apropiara de la riqueza que habían obtenido gracias al duro trabajo de su esposo, y por eso estaban más que dispuestas a tomar a sus hijos, empacar sus pertenencias y buscar nuevos horizontes. Y entonces, según el versículo 17:

> *"...se levantó Jacob, y subió sus hijos y sus mujeres sobre los camellos, y puso en camino todo su ganado y todo cuanto había adquirido, el ganado de su ganancia que había obtenido en Padan-aram, para volverse a Isaac su padre en la tierra de Canaán."*

Sabemos, por supuesto, que para entonces Isaac y Rebeca ya habían muerto. Más aún, Esaú era el único que quedaba de la familia que Jacob había dejado atrás, y Jacob no tenía idea de qué clase de bienvenida le esperaría del hermano a quien él había engañado muchos años antes.

Jacob no tenía idea de qué clase de bienvenida le esperaría.

Una vez más vemos aquí el trato preferencial de Jacob hacia Raquel sobre Lea. Esperando lo mejor pero previendo lo peor, Jacob ordenó a su familia por prioridad. Génesis 33:2 nos dice que cuando vio a su hermano, Esaú, que venía hacia él: *"Y puso las siervas y sus niños delante, luego Lea y sus niños, y a Raquel y a José los últimos"*. Luego *"...él pasó delante de ellos y se inclinó a tierra siete veces, hasta que llegó a su hermano"* (Génesis 33:3), esperando ganar el favor de su hermano y preservar la vida de toda su familia.

Aparentemente los veinte años habían moderado a Esaú y aliviado la intensidad del recuerdo del engaño de Jacob, porque *"Esaú corrió a su encuentro y le abrazó, y se echó sobre su cuello, y le besó; y lloraron"* (Génesis 33:4). Los hermanos se habían reunido, y las esposas de Jacob, sus concubinas, sus hijos y sus siervos continuaron su viaje con seguridad.

Y sin embargo, ¿no es lógico suponer que Lea entendió por qué fue puesta detrás de las siervas y sus hijos, pero antes que Raquel y José? El orden asignado era lógico: Para Jacob Lea era más importante que sus concubinas, pero todavía no había logrado un lugar igual al de Raquel en su corazón. El gozo de ser recibidos a salvo en su nuevo hogar por Esaú debe de haber sido seriamente apagado por el recuerdo de que nunca sería la esposa preferida y más amada. Viviría a la sombra de su hermana menor por el resto de sus días.

Dame hijos, o si no, me muero.

Y entonces la proclamación profética de Raquel de que un día tendría otro hijo se hizo realidad. Génesis 35:16-20 nos relata la historia de esta manera:

> *"Dio a luz Raquel, y hubo trabajo en su parto. Y aconteció, que como había trabajo en su parto, que le dijo la partera: No temas, que también tendrás este hijo. Y aconteció que al salírsele el alma (pues murió), llamó su nombre Benoni; mas su padre lo llamó Benjamín. Así murió Raquel, y fue sepultada en el camino de Efrata, la cual es Belén. Y levantó Jacob un pilar sobre su sepultura; esta es la señal de la sepultura de Raquel hasta hoy."*

La amada de Jacob, Raquel, murió, dejando un hijo al que llamó "Benoni", hijo de mi tristeza, pero cuyo nombre fue cambiado por su padre a *Benjamín*, hijo de la mano derecha. Las palabras de Raquel *"Dame hijos, o si no, me muero"* (Génesis 30:1) ¿habrán hecho eco en los oídos de Jacob mientras despedía a su amada? Sus propias palabras más recientes también deben de haberlo perseguido, ya que cuando él tomó su familia y huyó de Labán, no sabía que Raquel había robado los ídolos familiares de su padre. Cuando Labán lo encontró y exigió que le devolviera los ídolos, Jacob le había respondido: *"Aquel en cuyo poder hallares tus ídolos, no viva"* (Génesis 31:32). Aunque Labán no los encontró, porque Raquel se había sentado sobre ellos para esconderlos, el pronunciamiento de Jacob se cumplió.

Y así, este hombre que había trabajado catorce años para obtener la mujer que amaba ahora la sepultaba "camino a Efrata" y erigía un pilar para señalar el lugar. Y Lea por fin tenía a su esposo para sí misma.

¿Jacob se volvió entonces a Lea, al fin, dedicándose a ella y dándole el amor y la atención que había deseado por tantos años? Las Escrituras realmente no nos lo dicen, aunque hay un punto interesante que puede indicar que al menos se acercaron más en los años posteriores.

Mientras tanto, sin embargo, la competencia entre Raquel y Lea se había extendido a sus hijos, tanto que los hijos de Lea y de las concubinas conspiraron para matar a José, el favorito de Jacob. Aunque José no fue asesinado, fue vendido como esclavo, y hasta pasó tiempo encarcelado en Egipto. Y sin embargo, Dios también usó esas circunstancias trágicas, elevando finalmente a José a segundo en el gobierno de Egipto y posibilitando que muchas personas, incluyendo a Jacob y toda su familia, fueran salvadas de la hambruna que terminó con muchos otros.

Al final, sin embargo, observamos el punto que implica la intimidad que al fin se habría desarrollado entre Jacob y Lea. Por lo menos, prueba ciertamente que Jacob honró la posición de Lea como primera esposa o la principal, pues cuando leemos sobre la muerte de Jacob en la tierra de Egipto, vemos que le hizo prometer a su hijo José que lo enterraría con sus "padres", refiriéndose a Abraham y Sara, Isaac y Rebeca —y Lea (Génesis 47:27-31). Jacob, o Israel como se le llamaba en ese tiempo, no pidió que José transportara los huesos de Raquel para ser enterrados en el lugar o tumba familiar, pero en cambio le pidió que sacara los huesos de Jacob de Egipto para darle sepultura con su "padres"—y con Lea, la esposa que había sido casada por engaño cuando todo lo que él quería era casarse con su hermana menor, Raquel.

Lea, la de ojos delicados, la esposa no amada y no favorecida, finalmente tendría preeminencia sobre Raquel, la hermosa y favorita. Finalmente Lea yacería junto a su esposo en el lugar de honor que había perdido durante los muchos años de su matrimonio.

En cuanto a la rivalidad familiar, comenzada con Raquel y Lea, y luego cultivada y perpetuada por Labán y sus artimañas, y luego extendida hasta los hijos de Jacob, ¿cómo terminó finalmente? Los hijos al fin se reconciliaron, aunque eso tuvo lugar en la corte de Egipto, donde José había sido elevado a una posición de gloria y poder. Al final, los hermanos fueron capaces de dejar de lado la rivalidad que había perseguido a sus madres y presionado tanto a su padre. Gracias a José, el primer hijo de Raquel, el resto de los hijos de Jacob y sus familias fueron alimentados y cuidados durante la hambruna que asoló la tierra. Al final la familia se unió y Jacob, Raquel y Lea sin duda descansaron en paz, cuando Dios cumplió fielmente su promesa y sus propósitos a los patriarcas de su pueblo elegido, Israel.

"Lo más importante que un padre puede hacer
por sus hijos es amar a la madre de ellos."

—Theodore Hesburgh, activista

Algo para meditar o anotar en su diario:

1. ¿Qué prolongado asunto en su vida ha causado una sensación de rivalidad en su familia, ya sea entre usted y otra persona, o entre otros miembros de la familia?

2. ¿De qué manera el comprender la historia de Raquel y Lea le ayuda a convertirse en parte de una solución pacífica para esa larga rivalidad?

3. Explique lo que ve que podría ocurrir en las futuras generaciones de su familia si la rivalidad es o no resuelta.

"El vínculo que une a una madre con su hijo es de una fuerza tan pura e inmaculada (para) que nunca sea violado."

—Washington Irving, escritor, historiador

ORACIÓN DE UNA MADRE

Padre, gracias que aún en medio de las circunstancias que no te agradan, sigues cumpliendo tus propósitos para nuestras vidas. Por favor ayúdame a entender de qué manera quieres que sea un instrumento de paz y reconciliación en estas situaciones. En el nombre de Jesús. Amén

"Una de las bendiciones más ricas de Dios es que nuestros hijos vienen al mundo como personas que se supone tenemos que instruir y dirigir, y luego Dios los usa para formarnos, si los escuchamos".

—Dena Dyer, escritora

"El período formativo de la edificación del carácter para la eternidad se inicia en la cuna; la madre es la reina de ese ámbito y sostiene un cetro más poderoso que el de los reyes o los sacerdotes."

—Autor desconocido

CAPÍTULO 5

Jocabed: El mayor de los sacrificios

Y viéndole [Jocabed] que era hermoso, le tuvo escondido tres meses. Pero no pudiendo ocultarle más tiempo, tomó una arquilla de juncos... y colocó en ella al niño y lo puso en un carrizal a la orilla del río.

—Éxodo 2:2-3, aclaración entre corchetes añadida.

LECTURAS BÍBLICAS SUGERIDAS:
Éxodo 2:1-10; 6-20; Números 26:59

JOCABED FUE UNA mujer caracterizada por un amor valiente y abnegado. En la egocéntrica sociedad de hoy, esas cualidades son preciosas y raras. Sin embargo, ¿era muy diferente en la época de Jocabed.? Seguramente la vida no era fácil entonces, especialmente para los hebreos que se habían convertido en esclavos en la tierra de Egipto. Cada día era una lucha simplemente para sobrevivir, y el miedo se había vuelto un compañero constante. Después de todo, ¿qué podría haber sido más aterrador para una madre hebrea que oír el edicto de que debían morir todos los varones recién nacidos de los hebreos?

Esta madre hebrea consideraba que su hijo era "hermoso", queriendo decir que era precioso a sus ojos. ¿Y no es exactamente así como cada una de nosotras las madres nos sentimos respecto a nuestros hijos, especialmente cuando posamos los ojos en ellos por primera vez al nacer? Imagínese cómo nos sentiríamos si, al ver que nuestro recién nacido es varón, nos diéramos cuenta de que está señalado para morir. ¿Cuán lejos estaríamos dispuestas a llegar para proteger y librar de la muerte a ese bebé inocente?

Jocabed fue la madre del famoso libertador y legislador hebreo, Moisés, así como también del hermano mayor de Moisés, Aarón, y de su hermana María. Como su esposo, Amram, Jocabed era de la tribu de Leví, la tribu de la cual descendían los sacerdotes de Israel. Jocabed era una mujer piadosa, y ella y su esposo educaban a su hijo mayor, Aarón, quien se convertiría en el centro y el fundador del sacerdocio hebreo, en el cual sirvió casi cuarenta años. María también creció para ser una líder del pueblo hebreo. Pero fue Moisés y su personal destino quien influiría y ayudaría a cumplir el destino de toda la nación del pueblo elegido por Dios.

Mientras comenzamos el estudio de esta fiel madre, es importante que observe que aunque Moisés nació en lo que muchos podrían considerar un tiempo inoportuno de la historia, llegó a la cima y es recordado como uno de los más grandes hombres que hayan vivido jamás. Logró esto pese a tener todo en contra. ¿Por qué? Porque Dios es fiel y tenía un propósito para la vida de Moisés, por supuesto —pero también porque tenía una madre que no temió hacer lo que era correcto, aunque eso significara ponerse en peligro por desafiar a las autoridades, y además sufrir una gran pérdida personal entregando a su amado hijo para ser criado por otra persona. Era un alto precio a pagar, pero la recompensa fue la liberación de Israel del cautiverio y la esclavitud.

ENTREGARLO

¿Qué puede ser más desgarrador que el que una madre entregue a su propio hijo, aunque sepa que lo está haciendo por el bienestar del niño? ¿Cuántas historias hemos oído por siglos de una madre que tuvo que tomar una decisión tan dolorosa para salvar la vida del niño? Y sin embargo, por puro amor y abnegación, tomó esa decisión. ¿Quién sabe cuántos destinos fueron cambiados como resultado?

Por supuesto, tales decisiones no siempre son tan dramáticas como la de Jocabed, quien tuvo que esconder a su bebé en un cesto para que no fuera asesinado por los secuaces de Faraón. En nuestra sociedad, esta clase de abnegado amor materno se manifiesta en la mujer que, cualquiera sea la razón, se encuentra en una posición en que no puede cuidar debidamente al niño, y por lo tanto cede sus derechos parentales y permite que el bebé sea adoptado y criado por otra persona. Ésta no es una decisión fácil para ninguna madre, más allá de sus circunstancias, y debe ser elogiada por colocar el bienestar del hijo por encima del suyo propio, y por no ceder ante la "solución" rápida y fácil que el mundo ofrece hoy en día: el aborto. Las madres que colocan en adopción a sus pequeñitos están eligiendo dar vida física a sus bebés, además de la oportunidad de crecer y cumplir el destino y los propósitos que Dios tiene para ellos.

Jocabed era una mujer así. Con dos hijos para cuidar, tuvo su tercer hijo —un varón— justo en plena época en que el Faráon de entonces estaba empeñado en mantener el control sobre los esclavos hebreos arrojando al Nilo y ahogando a todos los bebés varones. Su razonamiento era que la nación esclava estaba creciendo demasiado rápido, y temía que se volviera tan fuerte que pudiera levantarse en rebelión y derrotar a sus captores. Al principio ordenó a las parteras hebreas hacer ese trabajo sucio y matar a los bebés tan pronto como nacieran. Lo que él no entendía era que las parteras tenían temor de Dios más que miedo del Faraón, de modo que hicieron lo correcto y dejaron con vida a los bebés, diciendo al Faraón que las mujeres hebreas daban a luz más rápidamente y no daban tiempo a que las parteras llegaran a asistirlas en sus partos.

El Faraón entonces ordenó que sus propios asesinos persiguieran a esos bebés y les dieran una tumba de agua. ¿Cuántas noches Jocabed permaneció despierta, escuchando el llanto y el gemir de las madres hebreas cuyos bebés habían sido asesinados, y preguntándose cuándo vendrían los asesinos por su propio recién nacido? ¿Cuántas veces oró que Dios la ayudara a ocultar su precioso hijo y le preservara la vida?

Pero después de tres meses, la Biblia nos dice que Jocabed no podía ocultar más su bebé. Por alguna razón, se dio cuenta de que tenía que realizar una acción drástica si quería dar a su hijo una posibilidad de crecer. Si eso significaba entregarlo y romper su propio corazón en el proceso, así sería.

Y así leemos en Éxodo 2:3: *"...tomó una arquilla de juncos y la calafateó con asfalto y brea, y colocó en ella al niño y lo puso en un carrizal a la orilla del río".* Después Jocabed le dio instrucciones a su hija, María, para que vigilara a su hermanito lo suficientemente lejos para no ser vista, pero tan cerca como para saber lo que acontecería al bebé en su cesta.

Qué momentos increíblemente difíciles deben de haber sido, tanto para Jocabed, mientras esperaba a su hija, como para María mientras vigilaba y esperaba. ¿Dónde estaba Amram mientras esto ocurría? Las Escrituras no nos dicen, pero si él era un hombre sano, indudablemente estaba lejos del hogar, trabajando como esclavo en una u otra tarea para Faraón. Si sabía o no de la angustia que continuaba en su familia, o el drama que se desarrollaba en el río, se desconoce. Sin embargo, no hay duda de que oyó todo al regresar a su hogar al fin de un largo día.

Se dio cuenta de que tenía que realizar una acción drástica.

CRIARLO

Que Dios haya usado a la propia hija del Faraón para rescatar este bebé es en sí un suceso milagroso. ¿Quién mejor para garantizar la seguridad del pequeño que la hija del Faraón?

Mientras María esperaba y vigilaba cerca del río, Jocabed esperaba y oraba en su casa. ¿Hay alguna duda de que clamaba a Dios con la profundidad de un corazón desgarrado, mientras las lágrimas corrían por sus mejillas y le dolía el pecho por alimentar al pequeñito cuyo llanto hambriento ya no podía satisfacer?

Pero mientras María vigilaba y Jocabed oraba, las Escrituras nos dicen que *"la hija del Faraón descendió a lavarse al río"* (Éxodo 2:5). Sus doncellas estaban con ella, y cuando ella vio la "arquilla", o cesta, flotando entre los juncos a la ribera del río, envió una de las criadas para que la tomase. Luego, la Biblia dice que ella la abrió y miró dentro, y *"el niño lloraba"* (Éxodo 2:6). ¿Qué mujer puede resistir a un bebé que llora, especialmente a uno que flota en una canasta en un río? Aparentemente el corazón de la hija de Faraón no era tan duro como el de su padre, pues cuando vio al bebé y oyó que lloraba tuvo *"compasión de él"* (Éxodo 2:6). Inmediatamente reconoció que era uno de los bebés de los hebreos y que alguien —probablemente su madre— lo había colocado en la canasta con la esperanza de que fuera rescatado y liberado del decreto de muerte que asolaba la tierra.

Y así lo hizo. Cuando la hija de Faraón miró con compasión a este niñito obviamente en apuros, la joven María se aproximó y le preguntó: *"¿Iré a llamarte una nodriza de las hebreas, para que te críe este niño?"* (Éxodo 2:7). Esta era una pregunta natural, pues resultaba obvio que la hija de Faraón no podía criar al bebé. Además, las nodrizas eran comunes en esos días, y aún lo son en algunas culturas de hoy en día. Dios había colocado no sólo a la hija de Faraón en el lugar correcto y en el momento correcto para efectuar la liberación de Moisés, sino que también había ubicado allí a María. La muchacha hizo la pregunta correcta en el momento preciso, y la hija de Faraón enseguida estuvo de acuerdo.

> *Dios había respondido las oraciones de una madre.*

¿Puede imaginarse el gozo y el alivio que sobrevino a Jocabed cuando María regresó con las noticias? "Ven, madre, puede haberle dicho, la propia hija de Faraón ha rescatado a nuestro bebé, y te necesita para que lo críes por ella". ¡Mi Señor!

Dios había respondido las oraciones de una madre por protección y liberación para su niño, y le había dado una ventaja tal como sólo Dios podía: Ahora ella podría sostener a su bebé en su pecho y alimentarlo con la seguridad y bajo la protección de la hija de Faraón. Debe de haber parecido demasiado bueno para ser cierto.

Pero era cierto. Cuando Jocabed y María corrieron hacia la hija de Faraón, se requirió toda la compostura de esta gozosa madre para no arrebatar inmediatamente a su hijito y colocarlo junto a su corazón. Indudablemente, sin embargo, se aproximó humilde y sumisamente a esta real rescatista de su niño y esperó instrucciones.

"Lleva a este niño y críamelo, yo te lo pagaré", le dijo la hija de Faraón (Éxodo 2:9). Las manos de Jocabed deben haber temblando

al tomar otra vez al bebé en sus brazos, maravillándose de que no sólo podría criar a su hijo sin que el temor al edicto de muerte de Faraón invadiera su hogar, ¡sino que le pagarían por hacerlo!

El versículo 10 de este mismo capitulo nos muestra cómo progresó esta relación: *"Y cuando el niño creció, ella lo trajo a la hija de Faraón, la cual lo prohijó, y le puso por nombre Moisés, diciendo: 'Porque de las aguas lo saqué'".* De modo que en verdad fue la hija de Faraón quien le puso el nombre a Moisés. Antes de eso ¿tendría un nombre hebreo? Si fuera así, no se menciona en las Escrituras. Se menciona, sin embargo, que aunque Jocabed tuvo el gozo y el privilegio de criar a su hijo y verlo crecer, la hija de Faraón era considerada su madre.

¿Fue difícil eso para Jocabed? Estoy segura de que sí, especialmente cuando el niño fue destetado y ya no había más excusas para que esta querida madre siguiera teniendo a su hijo y disfrutando de ese vínculo asombroso que solo una madre que amamanta y su bebé pueden compartir. Sin embargo a lo largo de ese tiempo, mientras Jocabed se deleitaba al sentir la piel suave de su hijo y el dulce aroma de su presencia, es casi indudable que ella oraba por él, le cantaba, y le susurraba su eterno amor por él. ¿Era Moisés lo suficientemente grande para recordarlo? No lo sabemos tampoco, pero Dios lo recordó y honró cada palabra que esta abnegada madre oró a favor de su hijo.

PRESENTARLO

Entonces ¿qué sucedió con el rol de madre de Jocabed una vez que Moisés fue destetado y su servicio como nodriza ya no fue necesario? Una vez más, no tenemos nada en las Escrituras para clarificar este punto, pero podemos imaginar que como cualquier otra madre, su corazón siguió echando de menos a su hijo. Sin duda que Jocabed aprovechó toda oportunidad posible para verlo de lejos. Cuánto debe de haber ansiado correr hacia él, abrazarlo y decirle: "¡Moisés, yo soy tu madre! Yo, Jocabed, ¡no la hija de Faraón!". Pero, por supuesto, no podía hacerlo. Satisfacer el anhelo de su propio corazón habría significado poner en peligro la vida de su amado hijo. Y así ella guardó el dolor en su interior, posiblemente compartiéndolo con Amram cuando yacían abrazados por las noches, o con María, cuando compartían las tareas domésticas durante el día. Y sin duda derramaba su corazón delante del Señor todo el día, todos los días, en cada momento que estaba despierta.

"Cuídalo, Señor", oraría mientras preparaba la poca comida que tenían.

"Protégelo, Señor", rogaría, al quedarse dormida por la noche.

"Mantenlo cerca, Dios", imploraría si lograba una vislumbre de él durante el curso del día.

No hay duda de que Moisés sabía que no era hijo natural de la hija de Faraón; en realidad, su madre adoptiva

Eso no le impidió hablarle del Dios de Israel.

puede haberle contado la historia de cómo fue rescatado del agua y se le puso el nombre Moisés. Puede incluso haber tenido una sospecha de que esa mujer llamada Jocabed, que lo había criado cuando era niño, era su madre natural, pero es dudoso que lo supiera con seguridad, ya que habría sido muy peligroso para Jocabed y su familia —y posiblemente también para Moisés— que estas noticias se hicieran notorias. Por esa razón, Jocabed seguía guardando el secreto de su familia en su corazón dolorido.

Pero eso no le impidió hablarle del Dios de Israel, Aquel que había prometido a Abraham, Isaac y Jacob que haría de ellos una gran nación, el Dios que prometió por medio de José que esta gran nación un día sería liberada de Egipto. Y así, a lo largo de la vida de Moisés, durante cada etapa de su desarrollo, Jocabed oraba por él. Aunque no tenía contacto directo con él, seguía su vida lo mejor que podía, sabiendo que estaba convirtiéndose en un hombre y orando por el cumplimiento de los propósitos de Dios para su vida.

¿No es eso lo que hacemos todas nosotras como madres? Sea que nuestro hijos sean preescolares, o adolescentes o adultos con sus propias familias; ya sean predicadores o políticos o conductores de bus, es necesario que oremos por el cumplimiento del propósito de Dios en sus vidas, como lo hizo Jocabed en la tierra de Egipto. Pero también debemos recordar que a veces, aunque seamos fieles en la oración, podemos experimentar sucesos asombrosos, y hasta aterradores.

¿Cómo se habrá sentido Jocabed cuando oyó la noticia de que

Moisés, ya un hombre para ese entonces, había matado a un egipcio en defensa de un esclavo hebreo? Sin duda que lo oyó y debe haberse aterrorizado. Éxodo 2:11-12 describe así este suceso:

"En aquellos días sucedió que crecido ya Moisés, salió a sus hermanos, y los vio en sus duras tareas, y observó a un egipcio que golpeaba a uno de los hebreos, sus hermanos. Entonces miró a todas partes, y viendo que no parecía nadie, mató al egipcio y lo escondió en la arena".

Estos dos versículos dejan en claro que Moisés evidentemente sabía que era hebreo de nacimiento. El ver a *"uno de sus hermanos"* ser golpeado por un egipcio —aunque Moisés mismo había sido criado como egipcio— le causó una reacción inmediata, una que tendría un impacto muy importante en su vida y en su destino. Como vemos en los dos versículos siguientes, ese acto violento de parte de Moisés se hizo rápidamente notorio entre los hebreos. Moisés se dio cuenta de que sólo era cuestión de tiempo que la noticia llegara a oídos del Faraón, y ni siquiera su madre adoptiva sería capaz de ayudarle entonces.

Moisés tenía razón, por supuesto. El versículo 15 nos dice: *"Oyendo Faraón acerca de este hecho, procuró matar a Moisés; pero Moisés huyó de delante de Faraón, y habitó en la tierra de Madián".* Moisés, nacido de los esclavos hebreos, amenazado de muerte mientras todavía era un bebé, escondido en una canasta en el Nilo, luego rescatado de su escondite y elevado a la realeza, ahora estaba huyendo, con su vida otra vez en peligro. ¿Todo el sacrificio de Jocabed había sido en vano? ¿Su amado Moisés iba a morir en manos de Faraón después de todo? ¿Jocabed todavía vivía cuando tuvo lugar este suceso?

Ésta última es otra pregunta para la cual no tenemos respuesta. Sin embargo, aunque Jocabed no estuviera ya sobre esta tierra, orando por la protección de su hijo, hacía tiempo que Dios había oído sus oraciones, y aún antes de que Jocabed pronunciara su primera intercesión por su hijo, Dios ya había determinado el destino de Moisés. Dios no está limitado por el tiempo, el lugar o las circunstancias. Faraón podría estar respirando amenazas contra Moisés, decidido a matar al hombre que sin duda consideraba un ingrato esclavo hebreo que había atacado a su pueblo adoptivo, los egipcios… pero Dios tenía otros planes. Y los planes de Dios siempre se cumplen, así como ocurriría con Moisés en la tierra de Madián.

Antes de que Jocabed pronunciara su primera intercesión por su hijo, Dios ya había determinado el destino de Moisés.

Cuando Moisés llegó a esta tierra desértica, el versículo 16 nos dice que estaba *"sentado junto al pozo"*. Indudablemente cansado y sediento, primero tomó un trago de agua fresca antes de tomar un descanso muy necesario y tratar de decidir qué más hacer. ¿Ofreció una oración durante ese tiempo? Las Escrituras no lo mencionan, pero hay posibilidades de que sí. Si sabía que era hebreo, entonces sabía acerca del Dios hebreo. Incluso es posible que hubiera recordado algunas de las cosas que Jocabed le contaba acerca de ese Dios cuando era un niño muy pequeño, alimentado al pecho de su madre, ya que en esos días los niños no eran destetados tan pronto como lo son ahora.

Pero haya Moisés orado o no cuando se sentó allí en el pozo, Dios lo vio y envió a siete hermanas para escoltarlo en la próxima etapa de su viaje. Estas siete hermanas eran hijas de Reuel, el sacerdote de Madián, y venían al pozo para sacar agua para ellas y para el rebaño de su padre. Luego leemos en el versículo 17 que *"los pastores vinieron y las echaron de allí; entonces Moisés se levantó y las defendió, y dio de beber a su ovejas"*. Cuando las hermanas fueron a su casa y le contaron a su padre cómo un extranjero las había ayudado, él inmediatamente les dijo que fueran a traer a ese hombre para que comiera en su casa. ¡Y qué comida debe de haber sido! Pues inmediatamente después de la invitación de Reuel a Moisés para comer con ellos en el versículo 20, vemos que en el versículo siguiente las cosas parecían progresar bien y rápidamente: *"Y Moisés convino en morar con aquel varón; y él dio su hija Séfora por mujer a Moisés"* (Éxodo 2:21).

En cuestión de unos versículos —y probablemente en un periodo relativamente corto— Moisés pasó de ser un fugitivo sin hogar a ser el yerno del sacerdote de Madián. Aunque Jocabed, si en verdad todavía estaba viva cuando ocurrió este suceso, no sabía lo que ocurría en la vida de su hijo, Dios había hecho un camino para que el cumplimiento del destino de Moisés diera el siguiente paso.

Aunque Jocabed no sabía lo que ocurría en la vida de su hijo, Dios había hecho un camino.

¿Todo encajó en su lugar rápidamente después de eso? De ningún modo. Si el destino de Moisés incluía ser usado por Dios para liberar a la nación hebrea de la esclavitud de Egipto, usted podría creer que sucedería de manera rápida y semejante a cuando fue alejado de Egipto y reubicado en Madián. Pero de ninguna manera fue así como ocurrieron las cosas. En realidad, Moisés pasó los siguientes cuarenta años de su vida como pastor en el desierto, indudablemente reaprendiendo mucho de lo que se le había enseñado mientras crecía en un palacio pagano.

La vida puede no haber sido fácil para Moisés durante ese tiempo en el desierto, especialmente porque había estado acostumbrado a los lujos de la riqueza y el privilegio en la corte del Faraón. Pero aún la vida que llevaba en Madián era una amplia mejora sobre las condiciones de vida de los parientes hebreos de Egipto, quienes, según Éxodo 2:23: *"clamaban"* a Dios a causa de la esclavitud siempre en aumento puesta sobre ellos por los tiranos egipcios. Los siguientes versículos continúan asegurándonos que

> *"...subió a Dios el clamor de ellos con motivo de su servidumbre. Y oyó Dios el gemido de ellos, y se acordó de su pacto con Abraham, Isaac y Jacob. Y miró Dios a los hijos de Israel, y los reconoció Dios".*
> —Éxodo 2:23-25

Ahora era el tiempo de que Dios actuara, tiempo de que Moisés se moviera una vez más hacia la próxima etapa de su viaje, la próxima estación de su destino. Fue allí donde el Ángel del Señor lo llamó desde la llama de fuego en una zarza —y Moisés se dio vuelta para ver por qué el arbusto no se consumía.

Observe que Moisés no respondió con una inmediata reverencia y obediencia, sino más bien con curiosidad. No obstante, se volvió a Dios, y eso era lo que importaba. Al hacerlo, oyó una voz, llamándolo desde el fuego: *"¡Moisés, Moisés!"*, y Moisés respondió: *"Heme aquí"* (Éxodo 3:4).

> *"Y dijo: No te acerques; quita tu calzado de tus pies,*
> *porque el lugar en que tú estás, tierra santa es. Y dijo:*
> *Yo soy el Dios de tus padres, Dios de Abraham, Dios*
> *de Isaac, y Dios de Jacob. Entonces Moisés cubrió su*
> *rostro, porque tuvo miedo de mirar a Dios."*
>
> —ÉXODO 3:5-6

¡Qué experiencia debe haber sido! Después de cuarenta años de vivir en el desierto, cuidando las ovejas de su suegro y viviendo una vida muy sencilla, Moisés fue confrontado por el propio Creador del universo, el Dios de los hebreos —el Dios de la madre de Moisés, Jocabed. Él estaba aterrado —y bien que debería estarlo. Pues fue aquí donde Dios le dio a Moisés sus órdenes para la marcha: *"...te enviaré a Faraón, para que saques de Egipto a mi pueblo, los hijos de Israel"* (Éxodo 3:10).

Puede ser una experiencia aterradora descubrir el propósito de Dios para su vida, cualquiera sea su edad y cualesquiera sean sus circunstancias, pues Dios no necesariamente nos llama a hacer cosas que podemos hacer por nosotros mismos. Nos asigna tareas que son demasiado grandes para nosotros, de modo que sepamos que lo necesitamos a Él para cumplirlas. Y eso era lo que Dios quería que Moisés entendiera. Cuando Moisés comenzó a protestar por su incapacidad para realizar la tarea que Dios le había encomendado, el Señor le dijo: *"Vé, porque yo estaré contigo; y esto te será por señal de que yo te he enviado: cuando hayas sacado de Egipto al pueblo, serviréis a Dios sobre este monte"* (Éxodo 3:12).

"Yo estaré contigo". ¡Qué promesa! Fue la misma promesa que indudablemente sostuvo a Jocabed cuando ella permitió que su corazón se partiera en dos al colocar a su amado hijo al cuidado de

otra mujer. Era la promesa que Moisés comprobaría una y otra vez al enfrentar al Faraón egipcio y exigir al airado gobernante que liberara al pueblo de Dios para dejar Egipto e ir a su propia tierra a fin de adorar al único y verdadero Dios. Era la promesa que Moisés continuó probando aún después de haber triunfado en guiar al pueblo fuera de Egipto y conducirlos por el desierto durante otros cuarenta años. Era la promesa que oía resonar en sus oídos cuando fue a la cima del monte para recibir la Ley de Dios para su pueblo. Y es la promesa a la que cada uno debemos aferrarnos mientras buscamos cumplir el gran llamado y el propósito de Dios para nuestras vidas.

"Yo estaré contigo." ¿Puede imaginar cuán fuertemente tuvo que aferrarse Moisés a esas palabras mientras conducía su pueblo por tierra seca en medio de las paredes de agua del Mar Rojo? ¿Pero cree que eso fue más aterrador para este hombre que para su querida madre cuando hizo el escondite de papiro para su pequeñito y lo colocó entre los juncos del río Nilo? Fue la certeza de que Dios estaba con ellos lo que capacitó a esta madre y a su hijo para cumplir sus destinos, y es esa misma certeza la que nos capacita para cumplir los nuestros y los de nuestros hijos.

> *El poder del amor y de las oraciones de una madre no está limitado a la distancia geográfica o a las circunstancias de la vida.*

El poder del amor y de las oraciones de una madre no está limitado a la distancia geográfica o a las circunstancias de la vida. El bebé de Jocabed llegó a este mundo en medio de un edicto que, sin la intervención de Dios, habría significado la muerte del niño. Jocabed se sacrificó para dar a su hijo una oportunidad de crecer y convertirse en el hombre que Dios lo había destinado a ser, y seguramente ella debe haber orado por él en cada punto de su a menudo solitaria y dolorosa existencia. ¿Alguna vez ella habrá podido estrechar a su hijo y contarle su amor por él? ¿Tuvo alguna vez el gozo de oír que la llamara "Madre"? Más preguntas sin respuestas. Pero aunque sea desde su final mirador del cielo, tuvo el gozo de saber que sus oraciones fueron respondidas, y su hijo creció y llegó a la adultez y cumplió su destino. La nación hebrea fue liberada de la esclavitud, y le fue dada la Ley en la cima del monte.

Jocabed se perdió mucho de lo que la mayoría de las madres dan por sentado, pero no falló como mujer ni como madre. Ella amó completa, apasionada, y abnegadamente, lo suficiente para entregar el objeto de su amor para lograr un propósito mayor. El Dios de Abraham, Isaac y Jacob miró su sacrificio… y sonrió. Jocabed fue realmente una buena madre.

"No existe un llamado mayor en todo el mundo que enseñarle a un niño cómo vivir."

—Dayle Shockley, escritora

Algo para meditar o anotar en su diario:

1. ¿En qué momentos de su vida fue llamada a mostrar amor abnegado, y cuáles fueron los resultados?

2. ¿En qué personas puede pensar que hayan sido modelos de esa clase de amor abnegado en su vida? Dé algunos ejemplos.

3. Al estudiar la relación de Jocabed y Moisés, ¿qué paralelos ve con las relaciones con sus hijos (o con otros si usted no tiene hijos propios)?

"Nadie en el mundo puede tomar el lugar de tu madre."

—Harry Truman, Presidente de los EE.UU.

ORACIÓN DE UNA MADRE:

Padre, muchas gracias por el modelo parental de amor abnegado que tú me has dado al ofrecer a tu Hijo para morir en mi lugar. Ayúdame a apreciar la profundidad de ese sacrificio a mi favor, la intensidad de tu dolor mientras veías morir a tu único Hijo por el pecado del mundo. Por favor dame un corazón que ame abnegadamente a los demás. En tu nombre. Amén.

"Como madre que dio a su bebé en adopción, Jocabed es siempre un consuelo para mí. Aunque no tuve que amamantar a mi hija o verla desde lejos, siento con el corazón de madre de Jocabed mientras miraba a Moisés flotando hacia un futuro incierto. Todas las madres sienten esto en algún momento: el soltar a su hijo a un mundo incierto con fe en un Dios eterno. Esa, creo, es la verdadera prueba de la maternidad."

—Marilynn Griffith, escritora

"Su dignidad consiste en ser desconocida para el mundo; su gloria está en la estima de su esposo; sus placeres en la felicidad de su familia."

—Jean Rousseau, filósofo de Ginebra, compositor, escritor

CAPÍTULO 6

Ana: Mujer de oración, gratitud e integridad

"Por este niño oraba, y Jehová me dio lo que le pedí. Yo, pues, lo dedico también a Jehová; todos los días que viva, será de Jehová".
—1 Samuel 1:27-28

LECTURAS BÍBLICAS SUGERIDAS:
1 Samuel 1-2

EN SEGUNDO LUGAR después de María, la madre de Jesús, Ana es considerada a menudo la madre más abnegada de la Biblia. En realidad, algunos creen que su oración de dedicación al Señor puede haber influido la propia actitud y vida de María. Sea esto verdadero o no, no podemos negar la vida de oración e integridad de Ana.

Ana era una mujer humilde con un corazón devoto a Dios y un profundo amor y respeto por su esposo. Tenía además un estilo de vida relativamente confortable, como se evidencia por el tipo de sacrificios que ella y su familia ofrecían en el tabernáculo. Pero aun con todo eso, no era una mujer contenta o satisfecha. Algo le faltaba, y ese algo era un hijo, en particular, un varón. En una cultura en que los hijos varones eran la señal de una madre honrada y estimada, ésta era una situación especialmente difícil y agotadora.

Para complicar aún más los problemas, el esposo de Ana tenía una segunda esposa llamada Penina, que le había dado siete hijos a su familia, y esta segunda esposa no era ni una compañera ni una amiga amable para Ana. En realidad, se burlaba y ridiculizaba el que Ana no tuviera hijos. Así que además del dolor de no tener hijos, Ana tenía que soportar las agresiones verbales de su rival. Y sin embargo, a pesar de sus pruebas, Ana eligió convertirse en una mujer de oración e integridad, un modelo valioso para aquellas de nosotras que seguiríamos sus pasos.

¿Es en verdad posible seguir los pasos de alguien que vivió tantas generaciones antes, en una cultura extraña y tan poco familiar? ¡Totalmente! A medida que estudiemos más detenidamente la vida de Ana, encontraremos similitudes sorprendentes con la nuestra.

Personalmente no he luchado con la falta de hijos, aunque tuve una prima que sí, y finalmente ella y su esposo adoptaron tres hermosos hijos. He luchado con otros problemas de esterilidad, no obstante, e imagino que usted también, problemas que fueron continuos y dolorosos, problemas que causaron *Ana oraba continuamente.* el ridículo y la burla de los demás, problemas que hacían que nos preguntáramos si Dios oiría y respondería alguna vez. Y allí es donde aparece el modelo de Ana.

Ana no oró sólo unos minutos, ni siquiera por un año o dos; ella oraba continuamente, año tras año, ofreciendo sacrificios y haciendo votos a Dios. Y hacía esto ante casi toda probabilidad abrumadora y obstáculos casi imposibles. A través de todo eso, ella siguió siendo una mujer de oración. Y cuando finalmente esas oraciones fueron contestadas, se mostró como una mujer de integridad cumpliendo su voto a Dios, aunque significó un gran sacrificio personal de su parte.

BUSCAR A DIOS

Cuando encontramos por primera vez a Ana en el inicio del capítulo 1 de 1 Samuel (un libro que lleva el nombre de su hijo primogénito), encontramos que está casada con un efrainita llamado Elcana, quien tenía una segunda esposa llamada Penina, la que, según el versículo 2, tenía hijos, mientras que Ana no.

Es bastante obvio que Ana vivía en tiempos en que se permitía la poligamia, tiempos en que la moral de Israel se había vuelto poco estricta. Y sin embargo su esposo seguía llevando su familia a Silo, para ofrecer sus sacrificios anuales en el tabernáculo (forma de tienda del futuro templo).

Ana vivía además en tiempos políticos peligrosos, cuando las tribus israelitas eran oprimidas por sus vecinos más poderosos, los filisteos. No obstante los problemas políticos o culturales ciertamente no estaban primeros en la lista de prioridades de Ana. Esta joven estaba más absorta en el dolor y las repercusiones sociales de su falta de hijos. A pesar del hecho de estar casada con un hombre que obviamente la amaba e incluso la favorecía por sobre su otra esposa, Ana apenas podía pensar en otra cosa que no fuera ese deseo ardiente dentro de ella de tener un hijo.

Ana, por supuesto, no es la primera mujer de la cual leemos en la Biblia que no tenía hijos. Sara, Rebeca y Raquel, todas pasaron por periodos de esterilidad y, a su manera, rogaron a Dios por un hijo. Sara, sin embargo, se rió cuando oyó el anuncio de que finalmente iba a tener un bebé, mientras Rebeca dependía de su esposo Isaac, para que buscara a Dios por ella. Raquel reaccionó más o menos de la misma manera, declarando a su esposo: *"Dame hijos, o si no, me muero"*. Ana, por su parte, fue ella misma a Dios, implorando humilde aunque fervientemente a Aquel que abre y cierra la matriz que le concediera el honor de la maternidad.

En el versículo 3 de este capítulo inicial de 1 Samuel, vemos que Elcana, junto con sus dos esposas y el resto de su familia, llegan a Silo para el sacrificio anual. Ese versículo nos dice que los sacerdotes, Elí, y sus dos hijos, Ofni y Finees, estaban allí. En los dos versículos siguientes leemos que:

> *"Y cuando llegaba el día en que Elcana ofrecía sacrificio, daba a Penina su mujer, a todos sus hijos y a todas sus hijas, a cada uno su parte. Pero a Ana daba una parte escogida; porque amaba a Ana, aunque Jehová no le había concedido tener hijos".*
> —1 Samuel 1:4-5

Esto evidencia el amor de Elcana por Ana y su favoritismo hacia ella por sobre Penina, a pesar del hecho de que Penina le había dado hijos y Ana no. Como resultado de este obvio favoritismo, sin embargo, Penina mantenía un gran resentimiento y rechazo hacia la mujer que consideraba su rival, y le devolvía insultos y burlas a Ana respecto a su incapacidad para concebir y tener un hijo. Los versículos 6 y 7 nos dicen que la hostilidad de Penina hacia Ana era tan intensa que la hacía deprimir al punto de que lloraba y no quería comer.

El pobre Elcana, obviamente un esposo cariñoso y considerado, le dijo a Ana en el versículo 8: *"Ana, ¿por qué lloras? ¿Por qué no comes? ¿Y por qué está afligido tu corazón? ¿No te soy yo mejor que diez hijos?"*.

Esas deben de haber sido para Ana preguntas difíciles de contestar. ¿Cómo podía decirle a su esposo que aunque apreciaba su amor y preocupación, la verdad era que él no era mejor para ella que diez hijos? Y entonces, se nos dice en los versículos 9 y 10, que ella se levantó y fue al tabernáculo, donde *"con amargura de alma oró a Jehová y lloró abundantemente"* (1 Samuel 1:10). Y entonces, en el versículo 11, leemos su gran voto al Señor:

> *"Jehová de los ejércitos, si te dignares mirar a la aflicción de tu sierva, y te acordares de mí, y no te olvidares de tu sierva, sino que dieres a tu sierva un hijo varón, yo lo dedicaré a Jehová todos los días de su vida, y no pasará navaja sobre su cabeza"*.

Ana, que estaba acostumbrada a orar, siguió buscando a Dios, aun después de hacer este memorable voto. Mientras lo hacía, el sacerdote Elí la observaba. El versículo 13 dice que *"Ana hablaba en su corazón, y solamente se movían sus labios, y su voz no se oía; y Elí la tuvo por ebria"*.

¡Qué trágico que esta pobre mujer, que estaba buscando a Dios humildemente y con perseverancia, fuera sospechada de estar ebria! Posiblemente esto nos dice algo de los bajos estándares morales del momento, para que un sacerdote siquiera considerara posible tal cosa, pero obviamente lo hizo, cuando en el versículo 14 la confrontó y dijo: *"¿Hasta cuando estarás ebria? Digiere tu vino"*.

¡Qué trágico que de esta pobre mujer se sospechara que estaba ebria!

Tal acusación de parte de un sacerdote sería difícil de procesar para cualquiera, ni hablemos de alguien en el estado emocional de Ana. Sin embargo, exhibiendo una genuina humildad, ella no hizo caso de la ofensa. En cambio, ofreció una sencilla pero respetuosa explicación:

"No, señor mío; yo soy una mujer atribulada de espíritu; no he bebido vino ni sidra, sino que he derramado mi alma delante de Jehová. No tengas a tu sierva por una mujer impía; porque por la magnitud de mis congojas y de mi aflicción he hablado hasta ahora".

—1 SAMUEL 1:15-16

Aparentemente, fue la respuesta correcta, pues el versículo 17 cita a Elí respondiendo: *"Ve en paz, y el Dios de Israel te otorgue la petición que le has hecho".*

Finalmente, en el versículo 18, Ana le dice a Elí: *"Halle tu sierva gracia delante de tus ojos".* Y luego, concluido su asunto con Dios, ella se va a su casa, come algo, *"y no estuvo más triste"* (1 Samuel 1:18).

Ana no sólo era una mujer que sabía cómo orar, sino que además era una mujer que sabía cómo confiar en Dios. Había derramado su corazón y su deseo a los pies de Dios, sabiendo que sólo Él podría darle la respuesta correcta y luego siguió con sus tareas.

AGRADECER A DIOS

En el versículo 19 nos movemos inmediatamente a la siguiente fase de la vida de Ana: Ella y Elcana están de regreso a su casa, y *"Elcana se llegó a Ana su mujer"*, queriendo significar que tuvieron relaciones sexuales. Luego, también en este versículo, leemos *"...y Jehová se acordó de ella".*

Esto no quiere decir, por supuesto, que Dios había olvidado a Ana, aunque hay tiempos en que todos nos sentimos como si fuera así. Hemos estado orando por una victoria —sea tener finalmente un bebé, ver un hijo pródigo regresar a casa, que un hijo enfermo se recupere, que un esposo entregue su vida al Señor, o la satisfacción de las necesidades económicas— y nos preguntamos si Dios en verdad ha olvidado nuestro nombre. *¿Cuánto tiempo, Señor? ¿Cuánto tiempo oro? ¿Cuánto tiempo espero? Todos los demás tienen estas bendiciones, Señor. ¿Por qué yo no?*

Pero nunca se nos dice que Ana reaccionara de esa manera. En cambio, año tras año, ella humildemente le suplicaba a Dios que abriera su matriz y le concediera un hijo. Reconocía ampliamente que Dios era el dador de toda vida y su única esperanza para tener un bebé. Ella no gruñó, ni se quejó ni reclamó por la injusticia de tener que compartir a su esposo con Penina y el hecho de que Penina tuviera hijos mientras que ella no: sólo siguió orando —pidiendo, buscando, llamando— hasta que tuvo paz en que Dios respondería a su manera y a su tiempo.

Y así lo hizo Él. *"Se acordó"* de Ana y abrió su matriz. El versículo 20 dice que *"aconteció que al cumplirse el tiempo, después de haber concebido Ana, dio a luz un hijo, y le puso por nombre Samuel, diciendo: Por cuanto lo pedí a Jehová"*. Ana estaba tan agradecida de que Dios hubiera respondido sus oraciones y le hubiera dado un hijo que quería que ese hijo reflejara su gratitud. Y entonces lo llamó Samuel, un recordatorio para todo el que escuchara su nombre de que él era una bendición de Dios, y que ella reconocía públicamente haberlo recibido de la mano del Señor.

Este no era un gesto pequeño de parte de Ana. Cuán fácil podría haber sido darle uno de los numerosos nombres familiares, o incluso darle el nombre de su padre terrenal, Elcana, pero Ana resistió la tentación que todos afrontamos a veces de recibir nosotros el crédito por algo que Dios ha hecho.

Es una trampa donde es fácil caer, ¿verdad? Oramos y oramos, preguntándonos a veces si Dios siquiera está escuchando, y luego, por fin Él contesta y pronto olvidamos cuán desesperadamente dependíamos de Dios mientras esperábamos esa respuesta. Al poco tiempo empezamos a actuar como si hubiéramos logrado algo por nosotros mismos y nuestra "actitud de gratitud" comienza a desvanecerse. ¿Podría Ana haber hecho eso? ¡Por supuesto que sí! ¿Qué pasaría en la enésima noche de una serie sin poder dormir nada?

¿Imagina que al fin pueda haberse quedado dormida, sólo para despertar una hora más tarde con un bebé que llora, y sienta la tentación de quejarse de su falta de sueño, de refunfuñar por escuchar a su esposo que ronca con satisfacción mientras ella caminaba y trataba de mantener los ojos abiertos?

Aquellas de nosotras que tenemos hijos sabemos eso, ¿o no? Y cuando nuestro sueño es interrumpido, una

Es fácil caer en la modalidad de quejarse y olvidar.
y otra vez, noche tras noche, es fácil caer en la modalidad de quejarse y olvidar qué gran bendición y responsabilidad nos ha dado Dios. Y posiblemente Ana haya tenido algunos momentos así, pero dudo que duraran mucho. Una mirada a su precioso Samuel y ella recordaba los días, semanas, meses, y hasta años de buscar a Dios para tener un hijo, de escuchar los insultos de Penina, de ver a otras mujeres alimentar y mimar a su precioso bebé mientras que ella no tenía ninguno. ¿Cuántas veces, cuando mecía y alimentaba a su precioso bebé, recordaba esa oración de dedicación, ese voto al Señor en el templo (tabernáculo) de Silo? ¿Cuántas veces se maravilló de la fidelidad y la generosidad de Dios para responder?

Oh sí, esta mujer de oración también era una mujer agradecida, que nunca olvidó quién fue el que la bendijo para que fuera madre. Pero mezclado con la gratitud estaba el recuerdo de su voto de dar su hijo al Señor, por el resto de su vida. No fue un voto que ella hubiera hecho a la ligera, ni tampoco que pudiera descartar o ignorar… sin importar cuánto pudiera desear hacerlo.

HONRAR A DIOS

¿Pero quería ella hacerlo? ¿Lamentó Ana haber hecho tal voto al Señor? Si así fue, la Biblia no lo menciona. Nunca se nos dice que Ana buscara una manera de faltar a su compromiso. El voto de Ana a Dios era más que la típica oración de trinchera: "¡Sácame de aquí, Dios, y nunca más haré algo malo!". Ana lo había dicho muy en serio cuando oró y prometió su hijo a Dios, y la ley judía no tenía disposiciones o indulgencias para que una mujer invalidara o anulara sus propios votos.

Para su esposo, sin embargo, había una disposición así, y debemos suponer que en algún momento Ana le contó a Elcana acerca de su voto. En ese punto, según Números 30:6-8, Elcana tenía que tomar una decisión:

> *"Pero si fuere casada e hiciere votos, o pronunciare de sus labios cosa con que obligue su alma; si su marido lo oyere, y cuando lo oyere callare a ello, los votos de ella serán firmes, y la obligación con que ligó su alma, firme será. Pero si cuando su marido lo oyó, le vedó, entonces el voto que ella hizo, y lo que pronunció de sus labios con que ligó su alma, será nulo; y Jehová la perdonará".*

Según la ley, en el mismo día que Elcana supo del voto de Ana, podría haberlo anulado. Si elegía no hacerlo, el voto quedaba firme. Aunque las Escrituras no mencionan la decisión de Elcana, podemos suponer que eligió no invalidar el voto de Ana porque al año siguiente, cuando fue el tiempo en que su familia debía ir a Silo por el sacrificio anual, Ana se excusó, diciendo a su esposo que quería permanecer en su casa con Samuel hasta que fuera destetado: *"...para que lo lleve y sea presentado delante de Jehová, y se quede allá para siempre"* (1 Samuel 1:22). Es muy obvio que Elcana tenía conocimiento del voto de Ana y estaba de acuerdo con él porque respondió: *"Haz lo que bien te parezca; quédate hasta que lo destetes; solamente que cumpla Jehová su palabra"* (1 Samuel 1:23).

Este diálogo habla de una mujer que no sólo oraba mucho y era agradecida sino también de alguien que amaba entrañablemente a su hijo y atesoraba cada momento con él. Sabía que pronto tendría que entregarlo para ser criado por el sacerdote en el tabernáculo, pero ella quería disfrutar su tiempo con él mientras pudiera. Elcana, siendo el esposo siempre considerado que era, lo comprendió rápidamente y estuvo de acuerdo, aun cuando afirmó su compromiso futuro para honrar el voto de Ana y *"que cumpla Jehová su palabra"*.

Y así fue que Ana permaneció en su casa con su hijito mientras el resto de la familia iba a Silo. Más tarde, cuando Samuel fue destetado, ella *"lo llevó consigo, con tres becerros, un efa de*

*harina, y una vasija de vino, y lo trajo a la casa de Jehová en Silo;
y el niño era pequeño"* (1 Samuel 1:24).

No se nos dice nada acerca de las luchas emocionales por las que
pasó esta madre en su viaje, pero es inimaginable que su corazón
no se estuviera quebrando a cada paso del
camino. Ninguna madre se separa de un
hijo —por cualquier razón— sin dolor. Pero
eso no significa que ella lamentara su voto.
En realidad, en el versículo siguiente vemos
que ellos (1 Samuel 2:11 aclara que Elcana
estaba con Ana y Samuel), *"matando el be-
cerro, trajeron el niño a Elí"* (1 Samuel 1:25).

> *Ninguna madre
> se separa de
> un hijo —por
> cualquier
> razón— sin dolor.*

Los tres versículos siguientes nos dicen más claramente que otros
sobre la mujer honorable y fiel que era Ana:

> *"Y ella dijo: ¡Oh, señor mío! Vive tu alma, señor
> mío, yo soy aquella mujer que estuvo aquí junto a
> ti orando a Jehová. Por este niño oraba, y Jehová
> me dio lo que le pedí. Yo, pues, lo dedico también
> a Jehová; todos los días que viva, será de Jehová. Y
> adoró allí a Jehová".*
>
> —1 SAMUEL 1:26-28

"Por este niño oraba, le dice Ana a Elí, *y Jehová me dio lo que le pedí.
Yo pues..."*. Ana no lloró ni gritó ni rogó al sacerdote o a su esposo
—ni siquiera a Dios— que olvidara su voto y le permitiera quedarse
con su hijo. En cambio, ella gentil e incondicionalmente dio a Dios
la gloria y el crédito por responder a su oración y por darle este hijo,
aunque esto significara que tenía que dejarlo al cuidado de otro. Y
luego ellos, Elcana, Elí, y Ana —adoraron juntos a Dios.

Aunque las situaciones son totalmente diferentes, la generosidad
de Ana es muy semejante a la de una mujer que, por cualquier razón,
no es capaz de cuidar de manera apropiada a su hijo y amorosamente
lo da en adopción, para ser criado por otros que puedan cuidarlo con
menos problemas. Es un regalo de amor, dado por un corazón roto,
pero generoso, que se interesa más por el otro que por sí mismo.

En la situación de Ana, por supuesto, ella estaba dando a Samuel para que fuera criado en el servicio al Señor, el mismo Señor que le había dado ese Samuel, y a quien ella estaba sumamente agradecida. Por esa razón, y también porque sabía que era un gran honor ser dedicado al servicio a Dios, Ana pudo soltar a su hijo con manos abiertas y un corazón gozoso, aunque dolorido. Era lo correcto y ella era una mujer interesada en hacer lo que era correcto.

Su influencia sobre Samuel no acabó cuando ella lo entregó.

¿Cómo podemos saber que Ana se regocijó al cumplir su voto? El versículo inicial del capítulo 2 lo confirma: "*Y Ana oró y dijo: Mi corazón se regocija en Jehová, mi poder se exalta en Jehová; mi boca se ensanchó sobre mis enemigos, por cuanto me alegré en tu salvación*" (1 Samuel 2:1). Aunque su corazón de madre estaba quebrantado, su espíritu se regocijaba por saber que su hijo pasaría el resto de su vida sirviendo al único y verdadero Dios, el Dios de Israel, que había abierto su matriz y le había regalado a Samuel. La oración de Ana, pronunciada cuando entregó su hijo para el servicio a Dios, es una de las más estupendas registradas en toda la Biblia. En realidad, muchos creen que puede haber sido la precursora del Magníficat orado por María cuando supo que sería la madre del Mesías.

Qué ejemplo piadoso debe de haber sido Ana para Samuel a lo largo de toda su vida. Aunque lo tuvo en sus brazos sólo por un corto tiempo, su influencia sobre Samuel no acabó cuando ella lo entregó al sacerdote Elí. En realidad, el versículo 19 nos dice: "*Y le hacía su madre una túnica pequeña y se la traía cada año, cuando subía con su marido para ofrecer el sacrificio acostumbrado*". ¿Puede imaginarse el amor que implicaba el hacer esas túnicas especiales? Es fácil imaginarse a Ana con el material en su regazo, orando y hasta cantando mientras trabajaba, cada puntada una obra de amor.

Y después, por supuesto, cuando hacían el viaje anual a Silo, su corazón la urgía, alentándola mientras imaginaba su encuentro, y cómo podría volver a abrazar a su hijo. Debe de haber sido una escena conmovedora para todos los participantes, cómo madre e hijo, luego padre e hijo, se abrazaban. Las Escrituras no son claras sobre cuánto tiempo duraban sus visitas, pero podemos estar seguros de que Ana atesoraba cada momento y los recordada incontables veces después de regresar a su hogar.

Pero la historia de Ana no termina allí. El versículo 20 nos dice que cada año Elí bendecía a Elcana y a su esposa, diciendo: *"Jehová te dé hijos de esta mujer en lugar del que pidió a Jehová"*. Elí pedía a Dios, en favor de Elcana y Ana, que honrara su sacrificio de entregar a Samuel y le diera más hijos. Dios, en su gracia y misericordia, contestó la petición de Elí, como vemos en el versículo 21: *"Y visitó Jehová a Ana, y ella concibió, y dio a luz tres hijos y dos hijas. Y el joven Samuel crecía delante de Jehová"*. Aun mientras Samuel "crecía delante de Jehová" en la estructura sagrada bajo el cuidado de Elí, Dios estaba bendiciendo a Elcana y a Ana con más hijos. Elcana ya tenía hijos con su otra esposa, Penina, pero observe que Elí le pidió específicamente a Dios que concediera a Elcana *"hijos de esta mujer* [Ana] *en lugar del que pidió a Jehová* [Samuel]". Elcana y Ana tuvieron tres hijos más después de Samuel, y también dos hijas. ¡Esta realmente era una familia completa!

Por supuesto, ni tres hijos y dos hijas quitaron del corazón de Ana el lugar que estaba reservado para su primogénito, Samuel. Aquellas de nosotras que tenemos más de un hijo sabemos que un hijo nunca puede reemplazar a otro, pero ciertamente podemos amar a cada uno por igual. Samuel, sin embargo, sería siempre el hijo de la promesa de Ana. *"Por este niño oraba"*, dice Ana en 1 Samuel 1:27-28, *"y Jehová me dio lo que le pedí. Yo, pues, lo dedico también a Jehová. Todos los días que viva, será de Jehová"*.

Los regalos de Dios para nosotros, sus oraciones contestadas, requieren una respuesta de gratitud e integridad.

Oh, ¡que recordemos el ejemplo de Ana cuando hemos orado mucho por mucho tiempo, intercediendo con lágrimas, y luego visto la respuesta de Dios misericordiosa y maravillosamente! ¡Que tengamos corazones agradecidos, corazones íntegros, que no eludamos cumplir nuestros votos al fiel Dios que amorosamente satisface nuestra necesidad! Que tomemos tiempo para detenernos y agradecer a Dios por cada oración contestada, para reconocer que *"Toda buena dádiva y todo don perfecto desciende de lo alto, del Padre de las luces, en el cual no hay mudanza, ni sombra de variación"* (Santiago 1:17). Y que podamos decir entonces: *"Por tanto..."* los regalos de Dios para nosotros, sus oraciones contestadas, requieren una respuesta de gratitud e integridad de nuestra parte, aunque, como Ana, el proceso requiera abnegación.

El ejemplo de Ana y su legado para todas nosotras es convertirnos en mujeres de oración, mujeres agradecidas, y mujeres íntegras, y entregarle a nuestro fiel Dios las cosas que son más preciosas para nosotras aquí en la tierra —incluso y especialmente nuestros amados hijos— para que Él pueda cumplir su propósito y glorificar su nombre, en y a través de nuestras vidas —y las suyas.

> *"En todos mis esfuerzos por aprender a leer, mi madre compartía totalmente mi ambición, tenía compasión de mí, y me ayudaba en toda forma que pudiera. Si he hecho en la vida algo digno de atención, estoy seguro de que heredé la predisposición de mi madre."*
>
> **—Booker T. Washington, escritor, educador**

ALGO PARA MEDITAR O ANOTAR EN SU DIARIO:

1. ¿Cuáles son algunos de los problemas que ha llevado a Dios en oración, una y otra vez, a lo largo de los años, incluyendo las oraciones acerca de sus hijos? ¿Cuáles ha visto contestadas y por cuáles sigue orando aún hoy en día?

2. Considere ese tiempo en que Dios contestó sus oraciones o le bendijo de alguna manera y usted descuidó agradecerle y darle toda la gloria y el crédito a Él por esas oraciones contestadas y esas bendiciones. Tome ahora un tiempo para rever esos momentos y agradecerle debidamente a Dios por su fidelidad hacia usted y hacia su familia.

3. Revea los momentos de su vida en que usted pueda haber mostrado menos que una completa e intachable integridad al manejar las situaciones respecto a su fe. ¿Ha hecho a Dios o a otros votos que luego no cumplió? ¿Cuáles supone fueron las razones para que usted invalidara su promesa? Tome un tiempo para buscar el perdón de Dios por esos lapsus de integridad.

"A veces una madre siente como si su trabajo fuera en vano.
Pero sé paciente. Si has plantado semillas de amor y virtud
en el corazón de un hijo, la cosecha será gratificante."

—Dayle Shockley, escritora

Oración de una madre

Padre, gracias por el ejemplo piadoso que nos has dado a través de la vida de Ana, como mujer y como madre. Gracias por hacerla una mujer de oración, agradecida e íntegra. Ayúdame, Señor, a aprender del ejemplo de Ana y asemejarme más a ella en mi propia vida. Vuelve mi corazón a ti todos los días, Padre, para que pueda buscarte primero en todas las cosas; que pueda perseverar en oración, aun cuando parezca que las respuestas no llegarán; que pueda recordar expresar mi gratitud a ti y a otros cuando las respuestas sí lleguen; y que pueda manifestar completa integridad al cumplir todas las promesas y votos que he hecho a ti y a los demás, según tu propósito y tu Palabra. Gracias, Señor. En el nombre de Jesús. Amén.

"Poco sabía yo que la experiencia del parto, llena de tremendo gozo e insoportable dolor, sería un precursor simbólico de la relación misma de madre e hijo..."

—Judy Dippel, escritora

"Adulto no significa nada para una madre. Un hijo es un hijo. Crecen, se vuelven más viejos, ¿pero adultos? ¿Qué se supone que signifique eso? En mi corazón, no significa nada."

—de *Amados*, de Toni Morrison, escritora

CAPÍTULO 7

Rizpa: Desconsolada, pero fiel

Entonces Rizpa la hija de Aja tomó una tela de cilicio y la tendió para sí sobre el peñasco, desde el principio de la siega hasta que llovió sobre ellos agua del cielo; y no dejó que ninguna ave del cielo se posase sobre ellos de día, ni fieras del campo de noche.
—2 Samuel 21:10

LECTURAS BÍBLICAS SUGERIDAS:
2 Samuel 3:7; 21:1-14

¿HAY ALGO MÁS doloroso —o al parecer más contrario al orden natural de las cosas— que un padre frente a la tumba de un hijo, llorando la pérdida de alguien más querido que la vida misma, uno que debería haber sobrevivido al padre por décadas? Darle vida a un pequeño ser humano, nutrir y establecer lazos afectivos con esa vida, y luego verla llegar a un trágico final, cualesquiera sean las circunstancias, debe ser una de las pruebas más difíciles que cualquier ser humano jamás pueda enfrentar. Para quienes lo han experimentado, no existen palabras adecuadas para describir la profundidad del dolor y la pérdida; para los que no, en realidad no hay forma de empatizar con el doliente.

Rizpa entendería. Empatizaría como pocos podrían hacerlo, porque en un solo día no solamente perdió un hijo sino dos —sus únicos dos— además de otros cinco familiares. Y nada de esto sucedió por culpa suya. Rizpa simplemente fue una víctima de las circunstancias, un títere político que pagó el precio más alto. Pero, desconsolada como estaba, permaneció fiel hasta el fin.

❖❖❖

Rizpa vivió en una época y una cultura donde las mujeres tenían pocos derechos. En efecto, ella era una concubina, una "esposa secundaria", de Saúl, el primer rey de Israel, y aunque tenía menor estatus e influencia que una "esposa primaria", Rizpa le dio a Saúl dos hijos, Armoni y Mefi-boset. Aunque no disponemos de mucha información personal acerca de Rizpa o de sus hijos, sabemos lo suficiente como para estar seguros de que los amaba entrañablemente.

Su fiel testimonio del amor inmortal de una madre ha inspirado incontables historias a través de los años.

El nombre de Rizpa, en efecto, es casi sinónimo de la madre doliente por excelencia. Aunque se la menciona solamente en unos pocos versículos de la Biblia, célebres artistas han conmemorado su sufrimiento sobre el lienzo y su fiel testimonio del amor inmortal de una madre ha inspirado incontables historias a través de los años. Bien vale la pena estudiar un ejemplo de maternidad tan impactante.

UNA CONCUBINA FIEL

La primera mención que se nos hace de Rizpa se encuentra en 2 Samuel 3:7, que simplemente dice: *"Y había tenido Saúl una concubina que se llamaba Rizpa, hija de Aja".* Esta afirmación básica sólo sirve a los efectos de establecer lazos relacionales, en que Rizpa era concubina del rey Saúl y también hija de Aja. Los relatos históricos nos cuentan que vivió alrededor de 1025 a.C., y un estudio terminológico del nombre Rizpa revela que el significado de su nombre aparentemente inusual —inusual, al menos, para los oídos de nuestra cultura occidental— es algo así como "carbón encendido". Puesto que en aquellos días los nombres significaban algo, debemos creer que su título posee significado —posiblemente, que la suya era una luz que continuaba brillando mucho tiempo después de que otras se habían apagado, una explicación que resulta más probable a medida que estudiamos a esta madre asombrosa.

En ese mismo versículo de 2 Samuel, inmediatamente después de mencionar que Rizpa era la concubina del rey Saúl y la hija de Aja, se lee una declaración algo impactante: *"Y dijo Is-boset a Abner: '¿Por qué te has llegado a la concubina de mi padre?'"* (2 S. 3:7). Para entender esta pregunta insultante, tenemos que volver a la primera parte del primer versículo de este capítulo, que dice: *"Hubo larga guerra entre la casa de Saúl y la casa de David"*. Entonces vamos al versículo 6, justo antes de presentarnos a Rizpa: *"Pero David se iba fortaleciendo, y la casa de Saúl se iba debilitando"*.

Su nombre se relaciona con la decadencia y auge de reinos.

Rizpa puede haber sido una concubina con poco poder propio, pero así y todo su nombre se relaciona con la decadencia y auge de reinos. Las casas, o familias, de Saúl y David habían estado peleando por años, y Saúl hacía todo lo posible para evitar que David asumiera su legítimo reinado en Israel. Una vez muerto Saúl, su comandante en jefe, Abner, puso a Is-boset, uno de los hijos de Saúl, en el trono. Sin embargo, la tribu de Judá se negó a reconocerlo como rey y en su lugar ungieron a David como su gobernante, dividiendo efectivamente a Israel en dos reinos.

Parecía que Abner iba a tener éxito en sus intentos por preservar la mayoría del reino para los herederos de Saúl —hasta que Is-boset oyó un rumor de que Abner se había "llegado" —o había tenido relaciones sexuales con— la concubina de Saúl, Rizpa. Si el rumor era cierto, esto era una afrenta seria e incluso una amenaza más grave para Is-boset, pues podía dar a entender que Abner estaba intentando usurpar la nueva posición de Is-boset como rey y quedarse con el trono.

Sin embargo, por la respuesta indignada de Abner, podemos suponer que probablemente el rumor no era cierto:

"Y se enojó Abner en gran manera por las palabras de Is-boset, y dijo: '¿Soy cabeza de perro que pertenezca

a Judá? Yo he hecho hoy misericordia con la casa de
Saúl tu padre, con sus hermanos y con sus amigos, y
no te he entregado en mano de David; ¿y tú me haces
hoy cargo del pecado de esta mujer? Así haga Dios
a Abner y aun le añada, si como ha jurado Jehová
a David, no haga yo así con él, trasladando el reino
de la casa de Saúl, y confirmando el trono de David
sobre Israel y sobre Judá, desde Dan hasta Beerseba".

—2 Samuel 3:8-10

Además de negar haber tenido relaciones con Rizpa, era bastante obvio que Abner estaba enojado porque había trabajado duro para honrar la memoria de Saúl y establecer a Is-boset como rey. Como resultado, Abner se volvió en contra de Is-boset y de toda la casa de Saúl, y de inmediato comenzó a negociar con David para transferirle el reino de Israel completo.

Sin importar la base o motivación de este rumor aparentemente falso sobre Rizpa, la sola mención de esto fue suficiente para cambiar toda la historia de Israel, atribuyéndole así aun mayor influencia de la que ella imaginaba a esta concubina que de otro modo no podía hacer nada. Rizpa sólo sabía que el padre de sus dos hijos, el antiguo rey de Israel y el hombre que había considerado su esposo, ahora estaba muerto. Según la costumbre de la época, ella ahora pertenecía a Is-boset hijo de Saúl, la quisiera él o no. Su destino estaba en sus manos, y era un lugar muy frágil, como mucho, en el cual depositar su esperanza y seguridad.

UNA MADRE FIEL

Sin embargo, Rizpa tuvo dos hijos del rey Saúl, Armoni y Mefi-boset, y en aquellos días, cuando una mujer quedaba viuda, su cuidado quedaba en manos de sus hijos, cualquiera fuese su posición en la sociedad. Con hambruna en la tierra, ser cuidada por ellos era aún más crucial para su supervivencia.

Si de allí vamos al capítulo 21 de 2 Samuel, leemos que el rey David estaba sumamente preocupado por el hambre, que había durado tres años. Cuando David le consultó al Señor por qué continuaban sufriendo esta hambruna, el Señor respondió: *"Es por causa de Saúl, y por aquella casa de sangre, por cuanto mató a los gabaonitas"* (2 S. 21:1).

Aproximadamente unos 400 años antes, no mucho después de la muerte de Moisés, cuando Josué servía como líder de los israelitas, los gabaonitas habían engañado a Josué y los otros líderes para que hicieran un tratado con ellos. Aunque lo habían procurado por medio del engaño, los líderes de Israel habían honrado ese tratado durante siglos, permitiendo que los gabaonitas vivieran en la tierra, aunque lo hicieron como virtuales siervos de los israelitas. En algún momento del reinado de Saúl, él decidió quebrantar el tratado e intentó —aunque sin éxito— eliminar a los gabaonitas por completo. Esto desagradó a Dios. Aunque el tratado se había conseguido por medios falsos, era bastante obvio que Dios esperaba que los israelitas lo honraran.

> *Cuando una mujer quedaba viuda, su cuidado quedaba en manos de sus hijos.*

Cuando David se dio cuenta de que Dios estaba castigando a todo Israel por los pecados de Saúl, fue a los gabaonitas para intentar arreglar las cosas. Ellos le dijeron que no tenían interés en compensación financiera, la única forma en que David e Israel podían expiar el pecado de Saúl era mediante el derramamiento de sangre, específicamente por medio de la muerte de siete descendientes de Saúl. David estuvo de acuerdo, y entregó a los gabaonitas a cinco de los nietos de Saúl, como así también a Armoni y Mefi-boset, los dos hijos de su concubina Rizpa, todos los cuales habían estado personalmente involucrados en la guerra de Saúl contra los gabaonitas. A ellos se les permitiría obtener venganza contra Saúl ejecutando a sus descendientes.

Y así fue que, durante la época de la cosecha, los gabaonitas colgaron a Armoni y Mefi-boset, los únicos hijos de Rizpa y su única fuente de sustento, junto con cinco nietos de Saúl, y no hubo nada que esta pobre madre pudiera hacer para evitarlo.

Como resultado de la ejecución de los siete parientes de Saúl, se cumplió el juicio de Dios sobre Israel y, como veremos, la hambruna finalmente cesó. Además de ser una de las jugadoras clave (aunque contra su voluntad) en la caída de un reino y el auge de otro en Israel —el de Saúl y el de David— Rizpa también fue clave en el drama de la reconciliación de Israel con los gabaonitas y, lo más importante, con Dios. Pero a esta mujer que una vez se había vestido de seda y había vivido en un palacio como la concubina del rey, ahora sólo le quedaba un corazón roto y un espíritu desconsolado. La única herida que podía sumarse a la tragedia de esta mujer despojada seguiría pronto, cuando los cuerpos de sus hijos fueran dejados para pudrirse al sol

> *Fue el último acto de amor que podía hacer por sus hijos adultos.*

y ser comidos por las aves del cielo y las bestias del campo. Y esto era más de lo que esta madre desolada podía soportar.

Entonces se posicionó en el sitio del deceso de sus hijos, la piedra donde las siete horcas estaban erigidas como cruel recordatorio del precio de los votos quebrantados, y montó guardia sobre sus cuerpos —día y noche, durante cinco meses— al mismo tiempo que el hedor de la muerte se intensificaba hasta no poder sentir ningún otro olor. Ahora bien, ¡eso es dedicación! Durante el calor del día y el fresco de la noche, Rizpa no se movió. Fue el último acto de amor que podía hacer por sus hijos adultos, y había determinado hacerlo bien.

Su primer acto fue extender cilicio, símbolo de angustia y muerte y pérdida, sobre el área donde se habían erigido las horcas. Algunos han sugerido que incluso hizo una tienda de esta tela y la colocó sobre los cuerpos de sus hijos muertos, lo cual es muy posible, puesto que en los tiempos del Antiguo Testamento, el cilicio se hacía de una tela rústica tejida con pelo de cabras y camellos. En su libro, *All of the Women of the Bible* (Todas las mujeres de la Biblia), Edith Deen sugiere que cuando Rizpa tendió el cilicio sobre los cuerpos de sus hijos, tal vez hizo una promesa a Dios de que los custodiaría hasta que vinieran las lluvias, indicando el fin del juicio de Dios y del hambre en la tierra.

En todo caso, fue una vigilia larga y sin tregua —cinco meses de llorar su pérdida y luchar por proteger lo que quedaba. No tenía nada más que los cuerpos de sus hijos, y no iba a permitir que los predadores los devoraran o se los llevaran, como se evidencia en 2 Samuel 21:10: *"Y no dejó que ninguna ave del cielo se posase sobre ellos de día, ni fieras del campo de noche".* Rizpa estaba decidida a quedarse hasta que la situación cambiara y pudiera dar a sus hijos un entierro adecuado, que beneficiara a los vástagos de un antiguo rey y a su familia. Y así, sola y desconsolada, Rizpa se sentó, día tras solitario día, noche tras temible noche, a cuidar los cuerpos putrefactos y descompuestos de sus amados.

¡Qué cuadro debe haber presentado a los que pasaban! Sin duda, los curiosos se detenían a mirar, al menos al principio, pero después de unas semanas, había corrido la voz de la "mujer loca" que se negaba a abandonar a sus hijos muertos. Aunque quizás algunos se detuvieran para compadecerse o burlarse, es muy posible que otros hayan ido a alegrarla y alentarla. Incluso algunos deben haber llegado a proveer sus necesidades, trayéndole comida y agua, puesto que no habría tenido otra fuente de sustento durante esos largos meses de vigilia y duelo.

Aunque las acciones de Rizpa parecen extremas, particularmente para nuestro modo de pensar occidental, quizás no sean tan inimaginables como parecen a primera vista. ¿Ha conocido alguna vez a una madre —o a un padre, si quiere— que perdió un hijo? El dolor de la pérdida ya sería suficientemente malo, pero ¿qué se puede decir de una madre que no tiene un cuerpo que enterrar, una tumba que visitar, una lápida que decorar? No existe una forma sencilla de perder un hijo, no hay nada que alivie el dolor insoportable, pero un funeral o un servicio de conmemoración decente trae cierta sensación de cierre, un sentido necesario de dignidad y honor al hijo que se fue de los brazos de su madre, pero nunca de su corazón.

Jan Coates sabe de esa clase de pérdida —y de la aplastante sensación de dolor que abruma al espíritu humano. La noche en que el agente de la Policía de Tráfico de Missouri golpeó a su puerta y preguntó: "¿Es ésta la billetera de su hijo, señora?", ella pensó que su vida había acabado. Cuando recibió la noticia de que su hijo adolescente, Chris —su único hijo— había muerto por culpa de un conductor borracho, se desplomó en el piso y se acurrucó en posición fetal. Con la cabeza metida entre las piernas y las rodillas pegadas al pecho, susurró: "Por favor, Dios, te necesito. Si estás allí,

> *Se desplomó en el piso y se acurrucó en posición fetal.*

Dios… ¿podemos hablar?". Entonces la oscuridad la envolvió, y por unos momentos se sumió en un dulce olvido.

Es cierto, Jan no tuvo que hacer vigilia por el cuerpo de su hijo durante cinco meses, protegiéndolo de las bestias salvajes mientras esperaba un entierro adecuado, pero experimentó la misma sensación de pérdida y dolor que Rizpa debe haber sentido, así como también que las cosas estaban fuera de orden. Se supone que los hijos no deben morir primero; se supone que los padres no deben tener que enterrar a sus hijos. Todos esperamos tener que enterrar a nuestros padres algún día, ¿pero a nuestros hijos? ¡Nunca!

¿Cómo sobreviven los padres a semejantes tragedias? ¿Cómo lo manejó Jan?

Cuando estaba en el piso y la oscuridad la rodeó, se sumergió en otro mundo, un mundo donde ella existía en un sueño celestial, con su hijo, Chris, en el cielo. "¡Qué maravillosamente indescriptible fue eso!", recuerda ahora, sabiendo que fue la misericordia de Dios que le dio una vislumbre del gozo que Chris ya estaba experimentando en la presencia del Señor y del gozo que Jan y Chris experimentarían algún día al gozarse ambos alrededor del trono celestial.

Pero en la tierra, ella aún tendría que soportar el dolor, aún tendría que tratar de buscarle un sentido a lo que no lo tiene, mantener las esperanzas cuando al parecer ya no quedan. La familia, los amigos, y los seres amados se unieron a su alrededor, caminando con ella cuando no podía hacerlo sola, cargándola cuando ni siquiera podía caminar. Pero el que realmente ayudó a Jan a comenzar su proceso de sanidad fue su pastor, que vino a visitarla y a orar con ella por varios días después del funeral de Chris.

"Padre, tú conoces el dolor de perder a un hijo", oró el pastor.

"Tu Hijo fue asesinado no por un conductor borracho sino por hombres llenos de odio e ira. Dios, sólo tú puedes consolar a Jan en el duelo por la pérdida de su único hijo".

Aunque Ripza vivió en los días del Antiguo Testamento, existe mayor correlación con la muerte de Jesús de lo que podría parecer. Jesús estaba colgado entre la tierra y los cielos, un sacrificio no por sus propios pecados —Él era sin pecado— sino por los pecados de otros, como precio por la paz y la reconciliación con Dios se pagó una sola vez. En el caso de Rizpa, a ella no sólo le preocupaba vigilar y proteger los cuerpos de sus hijos hasta que pudieran recibir un entierro adecuado, sino que también entendía que los habían colgado, no por sus propios pecados, sino para expiar los pecados de otros —con más razón no los abandonaría hasta que su sacrificio fuera reconocido.

Las noticias de la larga y sombría vigilia de Rizpa llegaron a oídos del nuevo rey.

Y sí que fue reconocido, ni más ni menos que por el mismo rey David. Cuando las noticias de la larga y sombría vigilia de Rizpa llegaron a oídos del nuevo rey, éste se conmovió por su muestra de dolor y fidelidad. Estaba tan conmovido que, en efecto, fue a Jabes de Galaad a recoger los cuerpos, o huesos, de Saúl y su hijo Jonatán, quien había sido el mejor amigo de David, más íntimo incluso que sus propios hermanos. Después de recuperar los huesos de Saúl y Jonatán en poder de los filisteos, se los había llevado a Jabes de Galaad, pero nunca se los había puesto en el lugar de entierro acorde a hombres de su posición.

David, inspirado por la dedicación de Rizpa, decidió reparar el descuido concerniente a Saúl y Jonatán. Después de recuperar sus huesos, fue a rescatar también los huesos de los dos hijos de Rizpa y de los cinco nietos de Saúl, y luego los enterró a todos en la tumba de Cis, padre de Saúl, asegurando finalmente un entierro adecuado y honroso para Saúl y su descendencia. Este acto de David quizás también trajo una especie de reconciliación final con la familia del hombre que lo había perseguido durante tantos años, intentando en vano evitar que David ocupara su legítimo lugar como rey de Israel.

Esta reconciliación de diferencias entre Israel y los gabaonitas, como así también entre las familias de Saúl y David, logró además poner fin a la hambruna que había azotado la tierra. Aunque a Rizpa sólo se la menciona en un puñado de versículos, y aunque ella misma tenía poca por no decir ninguna influencia ni poder en las cortes de la realeza, esta mujer solitaria y su fiel compromiso de honrar y proteger a sus únicos hijos hasta el mismísimo final se ha ganado su lugar en los libros de historia, en pinturas, y en los corazones de madres de todas partes que han perdido a un hijo amado.

¿Pero qué podemos decir de otras madres, a las que no se les ha muerto un hijo? ¿Les habla Rizpa también a ellas como guardiana y protectora?

En muchos aspectos, Rizpa representa a todo progenitor —madre o padre— que ha perdido un hijo, pero hay más. También representa a cada padre que ha anhelado que se honre la memoria de su hijo. Rizpa mostró gran valor y fidelidad en su solitaria vigilia, sabiendo que no había nada que ella pudiera hacer para traer de vuelta a sus hijos, pero creyendo que al menos podía asegurarles un entierro adecuado y honroso.

Aunque nada puede borrar el dolor de perder a un hijo, hay formas positivas de afrontar esa pérdida. Jan, por ejemplo, cuyo hijo murió por un conductor ebrio, podría haberse pasado la vida enfurecida por la injusticia de una vida joven e inocente truncada mientras que el perpetrador salió indemne del accidente, pero ella no lo hizo. Aunque lloró e hizo duelo por su hijo, también se convirtió en miembro de MADD

> *Jan, al igual que Job, transformó su pérdida en una oportunidad.*

(Mothers Against Drunk Drivers o Madres Contra Conductores Ebrios), trabajando como defensora para ayudar a otros que están pasando por situaciones similares. También ha iniciado un ministerio llamado "Set Free Today" (www.setfreetoday.com) para ayudar a otros a atravesar el dolor y la pérdida en sus propias vidas, un principio bíblico que se observa claramente en Job 42:10: *"Y quitó Jehová la aflicción de Job, **cuando él hubo orado por sus amigos**; y aumentó al doble todas las cosas que habían sido de Job"* (énfasis añadido).

En lugar de perderse en su angustia y permitir que se convirtiera en amargura, Jan, al igual que Job, transformó su pérdida en una oportunidad de orar y ministrar a otros, como muchos padres han hecho en situaciones similares. La pérdida de Rizpa fue enorme, pero también lo fue el resultado final: la reconciliación de Israel y los gabaonitas, el fin del hambre y, por sobre todas las cosas, la reconciliación de Israel con Dios.

La experiencia de Rizpa, así como la de Jan, nos da también un panorama de la verdad de Romanos 8:28: *"Y sabemos que a los que aman a Dios, todas las cosas les ayudan a bien, esto es, a los que conforme a su propósito son llamados"*.

Vivimos en un mundo quebrantado, donde la pérdida y el dolor son realidades siempre presentes. Pero a pesar de las pruebas y tragedias que podamos enfrentar, Dios es fiel y puede transformar esas mismas tragedias en algo bueno si tan sólo se lo permitimos. Pero nosotros, como Rizpa —y Jan— debemos decidir ser fieles y confiar en que Dios traerá ese bien, sin importar el mal que veamos a nuestro alrededor.

Por supuesto no podemos negar la prefiguración que vemos en esta imagen de sangre inocente derramada para traer reconciliación. Ese principio ha estado vigente desde el huerto del Edén, cuando Adán y Eva trataron de ocultar su pecado por su propio esfuerzo, para darse cuenta de que la expiación de Dios requería el derramamiento de sangre, sangre inocente. Puesto que nadie más que Jesús ha nacido o vivido una vida inocente, sin pecado, únicamente Él podía traer la expiación requerida por nuestros pecados y abrir la puerta para restaurar la relación de la humanidad con el Padre.

Rizpa recordada

¿Es de extrañarse que incluso hoy a Rizpa se la recuerde como una madre leal, una guardiana fiel de su descendencia, una protectora y defensora de su memoria? ¿Cuán similar se habrá sentido una madre de pie ante la tumba de un hijo que ha muerto defendiendo a su país, muriendo honorablemente para proteger a seres amados y ahora, en la muerte, siendo honrado por aquellos a quienes sirvió? Cuando el guardia de honor dobla la bandera y la presenta a esa madre angustiada, su dolor no se va, pero el corazón se hinche de orgullo al saber que su hijo no ha muerto en vano. Y, por supuesto, si ese hijo era un creyente que conocía y amaba a Jesucristo como Salvador, ella puede gozarse de que verá a su hijo nuevamente (vea 1 Ts. 4:13). Porque nosotros, que conocemos a Aquel que estuvo colgado entre el cielo y la tierra para traer paz entre Dios y el hombre, tenemos esta gran promesa para consolarnos y animarnos:

> *"Tampoco queremos, hermanos, que ignoréis acerca de los que duermen, para que no os entristezcáis como los otros que no tienen esperanza. Porque si creemos que Jesús murió y resucito, así también traerá Dios con Jesús a los que durmieron en él. Por lo cual os decimos esto en palabra del Señor: que nosotros que vivimos, que habremos quedado hasta la venida del Señor, no precederemos a los que durmieron. Porque el Señor mismo con voz de mando, con voz de arcángel, y con trompeta de Dios, descenderá del cielo; y los muertos en Cristo resucitarán primero. Luego nosotros los que vivimos, los que hayamos quedado, seremos arrebatados juntamente con ellos en las nubes para recibir al Señor en el aire, y así estaremos siempre con el Señor. Por tanto, alentaos los unos a los otros con estas palabras".*
>
> —1 TESALONICENSES 4:13-18

Rizpa sólo podía aferrarse a la promesa del Dios de Israel y esperar a Aquel que vendría a pagar el precio para traer paz y reconciliación a un mundo perdido en la oscuridad del pecado. Quizás por eso su nombre era Rizpa —"carbón encendido"— porque fue precursora de todas las que esperarían la esperanza de la Luz del mundo que algún día vendría a disipar esa oscuridad.

> *"Un hombre ama más a su novia, mejor a su esposa, pero a su madre por más tiempo."*
>
> **—Proverbio irlandés —**

Algo para meditar o anotar en su diario:

1. ¿Alguna vez usted, o alguien que conoce, ha perdido un hijo? ¿Alguna vez escribió en un diario o discutió con otra persona lo que le sucedió y cómo usted —o la persona que sufrió esta gran pérdida— manejó la situación? Si no, ¿puede intentar hacerlo ahora que ha leído la historia de Rizpa?

2. Ya sea por la muerte de un hijo o por alguna otra experiencia dolorosa que involucró a un hijo, ¿cómo ha visto la gran verdad de Romanos 8:28 cumplirse en su vida o en las vidas de sus allegados, que Dios saca el bien del mal, el gozo de la tristeza, la esperanza de la pérdida?

3. ¿Cómo puede ayudarla el ejemplo de dedicación y lealtad de Rizpa para manejar algunos de los asuntos más difíciles de su propia vida?

"Tomar la decisión de tener un hijo es de crucial importancia. Es decidir para siempre que su corazón caminará fuera de su cuerpo."

—Elizabeth Stone, escritora

Oración de una madre

Padre, gracias por el asombroso ejemplo de Rizpa, la concubina de Saúl. Gracias por su lealtad y determinación, su fidelidad y valor, su devoción y amor por sus hijos. Ayúdame, Señor, a ser como Rizpa en mi determinación de seguirte, servirte y ser un ejemplo piadoso para otros. Enséñame, Padre, a tomar el dolor y las decepciones de mi vida y permitirte transformarlas para bien, para ministrar a otros, y para traerte honor y gloria. Lo pido en el maravilloso nombre de Jesús. Amén.

"El trabajo de un hombre es de sol a sol, pero el trabajo de una madre jamás termina."

—Autor desconocido

"Dios no me dio los hijos que yo quería; me dio los hijos que necesitaba para convertirme en la clase de madre cuya única opción fuera confiárselos a Él."

—Kathi Lipp, autora

CAPÍTULO 8

Betsabé: Redención y restauración

Y consoló David a Betsabé su mujer, y llegándose a ella durmió con ella; y ella le dio a luz un hijo, y llamó su nombre, Salomón, al cual amó Jehová.
—2 Samuel 12:24

LECTURAS BÍBLICAS SUGERIDAS:
2 Samuel 11:1-27; 12:1-24, 31; 1 Reyes 1; 2:13-25; 1 Crónicas 3:5; Mateo 1:6

SUPERFICIALMENTE, PARECERÍA QUE la mayoría de las madres de hoy tienen poco en común con Betsabé, que pasó de ser esposa de un poderoso guerrero a ser una adúltera, luego la esposa amada de un rey y, finalmente, la madre honrada y respetada de otro rey. Eso puede significar un poco más de la notoriedad y emoción que a la mayoría de nosotras nos gustaría tener en nuestras vidas. Sin embargo, es improbable que Betsabé haya planeado a propósito cualquiera de sus roles, excepto el de esposa de un soldado hitita llamado Urías, un miembro confiable y leal del ejército del rey David.

La saga de cómo esta joven sumamente atractiva y al parecer inteligente pasó de esposa de guerrero a la realeza es uno de los relatos más trágicos y a la vez redentores de toda la historia. Y, aunque esta insólita historia de amor nació de la lujuria desenfrenada de un rey, asombrosamente, se nutrió de la gracia y el perdón que sólo pueden venir del corazón de un Dios misericordioso. Finalmente llegó a buen término en la vida de aquel que conocemos como "el hombre más sabio que haya vivido jamás", el rey Salomón de Israel.

En 2 Samuel 11:1-2, antes de conocer a Betsabé, se nos presentan las circunstancias que pusieron en movimiento esta historia:

> *"Aconteció al año siguiente, **en el tiempo que salen**
> **los reyes a la guerra**, que David envió a Joab, y con*
> *él a sus siervos y a todo Israel, y destruyeron a los*
> *amonitas, y sitiaron a Rabá; **pero David se quedó***
> ***en Jerusalén**. Y sucedió un día, al caer la tarde,*
> *que se levantó David de su lecho y se paseaba sobre*
> *el terrado de la casa real; y **vio desde el terrado***
> ***a una mujer que se estaba bañando, la cual era***
> ***muy hermosa"** (énfasis añadido).*

El escenario está preparado para la tragedia, pero también para redención. El rey David, aunque experimentado y diestro en batalla y quien por tanto debería haber estado guiando a su ejército en la contienda, escuchó el consejo de otros —la sugerencia de un comandante— y decidió quedarse en las comodidades de su palacio. Como resultado, se encontró en el proverbial lugar equivocado en el momento equivocado: en el terrado o azotea de su palacio una noche muy tarde. Cuando bajó su mirada hacia el tejado, o patio, de la casa de Urías, uno de los más leales guerreros de David, vio algo que cambiaría su vida —como también las de muchos otros— por los siglos venideros. Porque allí, como era la costumbre de la época, estaba la hermosa esposa de Urías, Betsabé, bañándose a una hora en la que seguramente suponía que nadie estaría despierto ni podría verla. Su suposición fue errónea y, como resultado, su vida también estaba a punto de cambiar más allá de lo nunca podría haber imaginado.

ESPOSA DE URÍAS, AMANTE DEL REY DAVID

Poco se conoce, por no decir nada, de la vida temprana de Betsabé, aunque parece que provenía de una familia temerosa de Dios, puesto que el nombre de su padre era Eliam (vea 2 Samuel 11:3), (el cual contiene *El*, la forma corta del nombre *Dios*). También sabemos que era excepcionalmente hermosa, tal como lo indica la palabra hebrea usada para describir a Betsabé. Fue esa excepcional belleza lo que atrajo la mirada del rey David e hizo que un hombre por lo demás piadoso actuara por lujuria, trayendo como consecuencia pecados con impacto de largo alcance, como se registra en las Escrituras.

> *David pudo mirar desde su azotea hasta ese patio.*

La casa donde vivían Urías y Betsabé estaba lo suficientemente cerca del palacio como para que David pudiera mirar desde su azotea hasta ese patio. Esta proximidad sugiere que posiblemente, cuando la nación de Israel no estaba en guerra, Urías pudo haber servido como miembro de la guardia del palacio del rey. En todo caso, Urías era un líder militar confiable y un guerrero valiente.

Algunos comentaristas han llegado a la conclusión de que Betsabé era una mujer un poco libertina o fácil, una "esposa infiel en potencia", simplemente porque se estaba bañando a la vista de los ojos del palacio real y luego tuvo una aventura amorosa con el rey. Sin embargo, no hay escrituras que prueben esa teoría. Muchos otros comentaristas creen que Betsabé no fue sino una hermosa víctima del poder y la lujuria de un monarca reinante, y existen varios versículos para sostener esa interpretación.

Para empezar, como se mencionó antes, era una práctica común bañarse en las azoteas / patios (a menudo eran una y la misma cosa) en la noche cuando los chances de poder ser vistos eran remotas. Sólo podemos suponer que esa noche la luz de la luna fue excepcionalmente brillante y que la vista de David era excepcionalmente aguda. De todas formas, que Betsabé se bañara afuera en la noche no era un acto inusual, y tampoco es prueba suficiente de desvergüenza o inmoralidad de su parte. En el contexto cultural de esos días, ella tenía todo el derecho de suponer que se respetaría su privacidad y que su conducta no tendría repercusiones.

El rey —que debería haber estado fuera peleando con sus tropas— ahora tenía otras ideas. Segunda de Samuel 11:2 nos cuenta que en lugar de estar donde deberían estar los reyes, él estaba caminando por la azotea de su palacio, y desde allí *"vio... a una mujer que se estaba bañando, la cual era muy hermosa"*. En ese punto, si el corazón de David hubiera estado bien con el Señor, se habría vuelto y respetado la privacidad de la esposa de su leal soldado, pero no lo hizo. Se quedó donde estaba y miró. Esta es una decisión peligrosa cuando la tentación se nos cruza en el camino.

Entonces, para agravar su pecado, actuó por la lujuria de su corazón, usando su poder y posición para obtener lo que quería. Consultó a varios para saber quién podría ser esta hermosa mujer, cuando le dijeron que era la mujer de Urías, eso debería haber puesto fin al asunto. No fue así. El versículo 4 nos dice que aunque supo que Betsabé estaba casada con uno de sus líderes militares, el egoísta rey David *"envió... mensajeros, y la tomó"*.

La redacción de ese versículo es muy importante, pues nos da la idea de que Betsabé fue raptada de su propia casa y luego forzada por el rey a acostarse con él. En otras palabras, el acto sexual que tuvo lugar como resultado de que David trajera a Betsabé de su casa al palacio fue, con seguridad, una violación. Posiblemente fue una legalmente consentida, quizás por su posición de rey, pero una violación al fin. Betsabé no fue "invitada" al palacio, fue "llevada" por los mensajeros del rey. El rey era soberano y podía hacer lo que le placiera, tener lo que quisiese. Quiso a Betsabé, esposa de Urías, así que la tomó.

El versículo 4 continúa diciéndonos que el rey *"durmió con ella... y se volvió a su casa"*. Nada se nos dice de la reacción de Betsabé a ser secuestrada de su casa, llevada al palacio, y forzada a tener relaciones sexuales con el rey. La cultura en la que vivía le dejaba pocos recursos y posiblemente sea la razón por la cual no se registra su respuesta ante esta situación. El versículo siguiente, sin embargo, nos cuenta qué pasó después: *"Y concibió la mujer, y envió a hacerlo saber a David, diciendo: 'Estoy encinta'"* (2 S. 11:5).

Ahora tanto David como Betsabé tenían un problema. Aunque el rey podía salirse con la suya más que cualquier otro, sencillamente por su posición, seguían existiendo límites de comportamiento que, al ser traspasados, podrían acarrear vergüenza así como también consecuencias nefastas. Betsabé, cuyo esposo estaba ausente y, por lo tanto, cuyo embarazo sólo pudo haberse producido como resultado de una conducta adúltera, podía ser apedreada hasta morir. David, por otro lado, podía sufrir un daño irreparable en su reputación, así como también su relación con sus tropas militares y otros súbditos del reino. Era un dilema que debía resolver rápidamente.

Por supuesto, lo obvio sería confesar su pecado y pedir perdón a todos los involucrados, particularmente a Dios. En una situación semejante, ésa siempre es la mejor decisión. Sin embargo, a menudo hacemos lo contrario. Al igual que David, preferimos buscar una forma de "arreglar" el problema sin exponernos. Así que el rey mandó a buscar a Urías, esperando traerlo de la batalla para que fuera a su hogar y tuviera relaciones sexuales con Betsabé, entonces se le podría atribuir el embarazo a Urías, y el problema estaría resuelto.

Pero Urías no siguió exactamente las directivas del rey. En 2 Samuel 11:7-9, vemos que Urías volvió de la batalla, pero como era un hombre honorable, el plan de David comenzó a desvanecerse rápidamente.

> "Cuando Urías vino a él, David le preguntó por la salud de Joab, y por la salud del pueblo, y por el estado de la guerra. Después David dijo a Urías: 'Desciende a tu casa y lava tus pies'. Y saliendo Urías de la casa del rey, le fue enviado presente real. Mas Urías durmió a la puerta de la casa del rey con todos los siervos de su señor, y no descendió a su casa".

Por la razón que fuere, Urías decidió no ir a su casa esa noche, y por lo tanto no tuvo oportunidad de dormir con su esposa y cumplir el plan de David. Puede ser que Urías estuviera mostrando respeto por la ley que consagraba a los guerreros para la batalla y por tanto les prohibía participar de relaciones sexuales, incluso con sus esposas, supone la autora Edith Deen. Y entonces el rey intentó por segunda vez engatusar a Urías emborrachándolo para que fuera a su casa con Betsabé (1 Samuel 11:13). Cuando ese intento también falló, David agravó su pecado y planeó hacer que asesinaran a Urías para poder tomar a Betsabé para sí permanentemente.

Entonces el poderoso rey David cayó tan bajo como para escribir una carta a Joab, su comandante de campo, y se la envió por la propia mano de Urías. En ella estaba, en efecto, la sentencia de muerte de Urías, porque la nota instruía a Joab: *"Poned a Urías al frente, en lo más recio de la batalla, y retiraos de él, para que sea herido y muera"* (2 Samuel 11:15). El honorable Urías entregó la carta sin leerla; Joab obedeció las órdenes de su rey, y *"murió también Urías heteo"* (2 Samuel 11:17).

Una vez más, poco se nos dice del comportamiento o reacción de Betsabé respecto a la muerte de su esposo, o incluso si ella alguna vez descubrió que había muerto por orden del rey, pero sí sabemos que observó un tiempo de luto tradicional, porque el versículo 26 nos dice: *"Oyendo la mujer de Urías que su marido Urías era muerto, hizo duelo por su marido"*. Luego el versículo 27 nos cuenta las acciones del rey David que siguieron a ese periodo de luto: *"Y pasado el luto, envió David y la trajo a su casa; y fue ella su mujer, y le dio a luz un hijo"*.

Urías el hitita estaba muerto; Betsabé ahora era libre para casarse con el rey y tener a su hijo legalmente. Resulta obvio que el rey estaba ansioso por hacer que esto sucediera, y de inmediato hizo que la trajeran al palacio, donde se casaron. Poco tiempo después, nació su hijo. Pero el capítulo termina con un tono que no presagia nada bueno: *"Mas esto que David había hecho, fue desagradable ante los ojos de Jehová"* (2 Samuel 11:27).

ESPOSA DEL REY DAVID

Es importante notar aquí que cuando David y Betsabé iniciaron su relación como marido y mujer, el pecado de David quedó registrado como algo que desagradó al Señor. Esta es una razón más para suponer que Betsabé fue forzada a la relación física que inició esta situación.

Sin importar sus comienzos, sin embargo, la relación debió ser inestable. Es dudoso que alguien aparte de Joab supiera que el rey había puesto a Urías al frente a propósito, pero muchos —incluyendo a Betsabé— pueden haber especulado que ése podría haber sido el caso. Si fue así y si Urías le había importado algo a Betsabé, esta sospecha tuvo que haber afectado adversamente sus sentimientos hacia David. Combine eso con lo que probablemente fue una violación que resultó en su embarazo y, finalmente, la muerte de Urías, y seguramente Betsabé sentía rencor hacia su nuevo esposo, sin importar cuán real o regio pueda haber sido.

Entonces, ¿cómo un matrimonio que empezó en tan pobres condiciones terminó siendo una relación tan estrecha y respetada?

Sin duda el cambio comenzó con la visita de un hombre llamado Natán.

Inmediatamente a continuación del último comentario del capítulo 11: *"Mas esto que David había hecho, fue desagradable ante los ojos de Jehová"*, leemos este maravilloso comienzo del capítulo 12: *"Jehová envió a Natán a David"* (2 Samuel 12:1). Natán era un profeta que con el tiempo escribió las historias de los reinos de David y Salomón, y que también participaba en la música del templo.

¿No es eso lo que Dios hace? Hacemos algo que le desagrada, y entonces ¿qué hace Él? De inmediato se mueve para reconciliar la relación.

En el caso de David, Dios le envió un profeta para que le contara una historia. Ésta es la historia que Natán contó:

> *"Había dos hombres en una ciudad, el uno rico, y el otro pobre. El rico tenía numerosas ovejas y vacas; pero el pobre no tenía más que una sola corderita, que él había comprado y criado, y que había crecido con él y con sus hijos juntamente, comiendo de su bocado y bebiendo de su vaso, y durmiendo en su seno; y la tenía como a una hija. Y vino uno de camino al hombre rico; y éste no quiso tomar de sus ovejas y de sus vacas, para guisar para el caminante que había venido a él, sino que tomó la oveja de aquel hombre pobre, y la preparó para aquel que había venido a él".*
>
> —2 SAMUEL 12:1-4

David escuchó al profeta y luego estalló de indignación por la obvia injusticia de la situación, diciendo: *"Vive Jehová que el que tal hizo es digno de muerte. Y debe pagar la cordera con cuatro tantos, porque hizo tal cosa, y no tuvo misericordia"* (2 Samuel 12:5-6).

Y entonces, en el versículo 7, el profeta pronuncia algunas de las palabras más famosas y convincentes que se hayan dicho jamás, cuando señala al rey David y le dice: *"¡Tú eres aquel hombre!"*.

Dios confronta el pecado y también declara las consecuencias.

Con esa breve declaración, Natán puso a David contra la pared. Comenzó contándole una historia, sabiendo muy bien cuál sería la reacción del rey, y luego señaló que David era culpable de lo mismo que había condenado en el hombre de la historia.

Ahora que tenía la atención del rey, Natán pasó a darle su mensaje de parte del Señor:

> *"Así ha dicho Jehová Dios, de Israel: Yo te ungí por rey sobre Israel, y te libré de la mano de Saúl, y te di la casa de tu señor, y las mujeres de tu señor en tu seno; además te di la casa de Israel y de Judá; y si esto fuera poco, te habría añadido mucho más. ¿Por qué, pues, tuviste en poco la palabra de Jehová, haciendo lo malo delante de sus ojos? A Urías heteo heriste a espada, y tomaste por mujer a su mujer, y a él lo mataste con la espada de los hijos de Amón. Por lo cual ahora no se apartará jamás de tu casa la espada, por cuanto me menospreciaste, y tomaste la mujer de Urías heteo para que fuese tu mujer. Así ha dicho Jehová: He aquí yo haré levantar el mal sobre ti de tu misma casa, y tomaré tus mujeres delante de tus ojos, y las daré a tu prójimo, el cual yacerá con tus mujeres a la vista del sol. Porque tú lo hiciste en secreto; mas yo haré esto delante de todo Israel y a pleno sol."*
>
> —2 Samuel 12:7-12

La declaración que Dios hizo del pecado de David no fue suave ni tibia, nunca lo es. Dios confronta el pecado y lo llama por su nombre. También declara las consecuencias de nuestra conducta —en el caso de David, consecuencias graves por pecados graves—, consecuencias que tuvieron impacto en las vidas de otros, como siempre sucede con el pecado. Pero siempre, el propósito por el que Dios nos confronta con nuestro pecado es para traer confesión, arrepentimiento, y para restaurar la relación.

David respondió en consecuencia: *"Pequé contra Jehová"* (2 Samuel 12:13). E inmediatamente después de su confesión, que no contuvo excusas ni evasión de responsabilidad o culpa, Natán pronunció el perdón de Dios:

> *"También Jehová ha remitido tu pecado; no morirás. Mas por cuanto con este asunto hiciste blasfemar a los enemigos de Jehová, el hijo que te ha nacido ciertamente morirá."*
>
> —2 Samuel 12:13-14

Y luego el profeta se fue.

En una visita de un hombre enviado por Dios, el pecado del rey quedó expuesto; él confesó y se arrepintió. Se pronunciaron juicio y misericordia, perdón y restauración fueron dados y recibidos.

La relación entre Dios y David fue renovada, pero ¿y la relación de David con Betsabé? ¿Cómo podría el rey arreglar las cosas con ella, especialmente cuando parte del juicio por su pecado sería la muerte del hijo concebido por las relaciones sexuales ilícitas que mantuvieron?

Hay una razón por la cual a menudo se hace referencia a David como "un hombre conforme al corazón de Dios". Aunque cometió pecados horrendos —adulterio y asesinato—, cuando Dios lo confrontó, David se humilló de inmediato, confesó su pecado, y asumió toda la responsabilidad por él. Y si hizo eso con Dios, podemos suponer con seguridad que también lo hizo con Betsabé.

Sin duda al reconocer por fin la profundidad de su pecado contra esta mujer que ahora era su esposa, es fácil imaginarlo yendo a ella y, con total humildad, rogarle su perdón. Además, sabemos que David, después de su confrontación con Natán, escribió el famoso salmo confesional que es el número 51:

> *"Ten piedad de mí, oh Dios, conforme a tu miseri-cordia; conforme a la multitud de tus piedades borra mis rebeliones. Lávame más y más de mi maldad, y límpiame de mi pecado. Porque yo reconozco mis rebeliones, y mi pecado está siempre delante de mí. Contra ti, contra ti solo he pecado, y he hecho lo malo delante de tus ojos; para que seas reconocido en tu palabra, y tenido por puro en tu juicio".*
>
> —SALMO 51:1-4

Las palabras contritas de este salmo no sólo expresan a Dios la profundidad del arrepentimiento de David, sino que también muestra su disposición para declarar públicamente su pecado y exonerar a Betsabé. Aunque a ella no se la menciona directamente en el salmo, su oportunidad, al igual que el hecho de que David lo diera al jefe de los músicos para ser usado en la adoración pública, claramente representa el deseo de David de arreglar las cosas con la mujer a la que había tratado tan injustamente.

Al parecer dio resultado, como veremos en la siguiente, sección puesto que su relación en los últimos años fue en efecto muy positiva.

MADRE DEL REY SALOMÓN

Aunque 1 Crónicas 3:5 nos cuenta que David y Betsabé tuvieron cuatro hijos después de la muerte de su primogénito, parece que Salomón fue el favorito de Betsabé, puesto que fue por el cual ella presionó para que fuera el sucesor de David. Leemos que Natán el profeta, está nuevamente activo en las vidas de David y Betsabé (1 Reyes 1). Con el rey David ya viejo y ya casi en su lecho de muerte, su hijo Adonías se mueve para asumir el reinado. Natán advierte a Betsabé al respecto, diciéndole que si ella no intercede ante David y lo convence de coronar a Salomón

> *El salmo representa el deseo de David de arreglar las cosas.*

como su sucesor antes de que Adonías lleve a cabo su plan, tanto Salomón como Betsabé sin duda serían muertos.

Betsabé hace caso de la advertencia de Natán y va a David, recordándole su promesa de hacer rey a Salomón después de él. Le cuenta las acciones de Adonías y le implora que actúe con rapidez para salvar las vidas de ella y de Salomón.

Aun antes de que ella termine de hablar, Natán viene a David y confirma las palabras de Betsabé respecto de Adonías, preguntándole al rey si su deseo es que éste asuma el trono.

Como respuesta, David le jura a Betsabé que hará lo necesario para asegurarse de que Salomón se convierta en rey —y así lo hace.

Con Salomón seguramente instalado en el poder como soberano de Israel, aun después de la muerte de David, la posición de Betsabé en el palacio queda afianzada, y la relación con Salomón su hijo sigue siendo de mutuo afecto y respeto. Esta verdad queda en evidencia cuando Adonías, el hijo de Haguit y el que había tratado de quedarse con el trono, se acerca a Betsabé para pedirle un favor, indicando que reconocía su influencia con el rey Salomón.

Sin embargo, el favor que le pidió no era una cosa insignificante o inocente, en realidad era otro intento de usurpar el trono. Si Betsabé se dio cuenta o no de esto es incierto, aunque si así fue, le siguió el juego con bastante habilidad.

Una joven llamada Abisag, que había sido enfermera y compañera de David antes de su muerte, no estaba casada, Adonías le pidió a Betsabé que solicitara permiso a Salomón para que él se casara con la antigua enfermera del rey. Betsabé accedió a hacerlo.

Ahora bien, si Betsabé era políticamente ingenua —lo cual parece improbable, puesto que había vivido en el palacio por muchos años— entonces hizo presión para obtener el favor para Adonías estrictamente porque era una mujer amable que no veía razón para no llevar este pedido al rey Salomón. Pero si ella entendía las implicaciones del pedido de Adonías, entonces también entendía las probables consecuencias que esto tendría cuando Salomón oyera lo que se le requería.

Esto era más que un simple pedido de mano de una joven en matrimonio, porque Abisag, aunque nunca había tenido relaciones sexuales con David, técnicamente era su concubina. Pedirla como esposa expuso a Adonías como lo que realmente era: un traidor, aún empeñado en tomar el poder.

Salomón ya lo había perdonado una vez, no volvería a hacerlo. Adonías fue ejecutado y su amenaza de una futura rebelión murió con él.

Sí, el rey Salomón rehusó el pedido que su madre le había presentado, pero no fue porque no la amara o respetara. Lo denegó porque reconoció las malas intenciones que había detrás del pedido. También entendió que su medio hermano había buscado acercársele por medio de su madre porque reconocía la estrecha relación que ambos tenían y creyó que esa era su mejor oportunidad para que le concedieran su pedido.

Por supuesto, ya fuese que Betsabé tuviera conocimiento del posible resultado o no, el plan de Adonías falló. Pero una vez más vemos no solamente que Salomón era el hijo favorito de Betsabé, ya que presionó al rey para que lo convirtiera en su sucesor, sino que también el propio Salomón la respetaba mucho, tan es así que algunos creen que pudo haber escrito Proverbios 31 en su honor.

"Camine por fe, no por sentimientos. Sus oraciones permanecen y Dios también."

—**Judy Dippel, escritora**

Algo para meditar o anotar en su diario:

1. Aunque usted no se identifique con Betsabé como una mujer que se convirtió tanto en esposa como en madre de un rey, ¿qué incidentes vergonzosos o desgarradores de su vida piensa que le permitirían relacionarse con ella como mujer violada o que llora la pérdida de un ser amado?

2. Teniendo en mente la profundidad de la traición y humillación que Betsabé debe haber sentido en manos del rey David, describa el proceso por el cual usted cree que ella puede haber pasado que le permitió finalmente perdonarlo e incluso amarlo. ¿Cómo puede ese proceso ayudarla a usted a tratar algunas cuestiones relativas al perdón en su propia vida?

3. Desde el punto de vista de Betsabé, describa los elementos de redención y restauración que a usted le parezcan los más significativos en esta historia. ¿Cómo la alientan estos elementos en situaciones de su propia vida?

"La juventud se desvanece; el amor decae; las hojas de la amistad caen. La esperanza secreta de una madre sobrevive a todas ellas."

—Oliver Wendell Holmes Sr., médico, poeta

ORACIÓN DE UNA MADRE

Padre, gracias porque aunque eres un Dios de juicio justo y aunque nuestros pecados tienen consecuencias, tú eres también un Dios de misericordia y gracia. Te gozas en redimir y restaurar lo que está perdido, sea por nuestro propio pecado o el de otro. Señor, ayúdame ahora a poner esas relaciones rotas, esas consecuencias del pecado, y esos recuerdos dolorosos en tus amorosas manos, creyendo que tú las redimirás como sólo tú puedes hacerlo: en tu tiempo y para tu gloria. Lo pido en el maravilloso nombre de Jesús. Amén.

"Porque soy madre, tengo el tesoro más grande de Dios. Y Él espera grandes cosas de mí en una tarea de semejantes dimensiones."

—Grace Atkins, poeta

"Los medios les dicen a las madres solas que estamos criando asesinos violentos. Pero ni nosotras ni nuestros hijos somos estadísticas. Por tanto, debemos escuchar al Señor y usar de nuestras propias fuerzas dadas por Dios. Podemos transitar esta senda y alcanzar la línea de llegada, no solo como sobrevivientes sino como vencedoras."

—Sandra Aldrich, escritora

CAPÍTULO 9

La viuda de Sarepta: Generosa hasta el fin

Y en verdad os digo que muchas viudas había en Israel en los días de Elías, cuando el cielo fue cerrado por tres años y seis meses, y hubo una gran hambre en toda la tierra; pero a ninguna de ellas fue enviado Elías, sino a una mujer viuda en Sarepta de Sidón.
—Lucas 4:25-26

LECTURAS BÍBLICAS SUGERIDAS:
1 Reyes 16:29-34; 17; Lucas 4:25-26

SI VIVIMOS EN una situación económica donde nosotros y nuestros hijos tenemos siempre lo suficiente para comer, deberíamos darnos cuenta de que somos bendecidos. No siempre ha sido así a través de la historia y tampoco lo es en partes de nuestro mundo de hoy. A diario las madres de ciertos países, comunidades y culturas sufren necesidad o incluso ven a sus hijos consumirse por falta de alimento, una tragedia tan desgarradora que casi está más allá de nuestra imaginación. Así fue en los tiempos del profeta Elías y su encuentro con la viuda de Sarepta.

Esta pobre mujer indigente ya había perdido a su marido y en un tiempo en que había una hambruna generalizada en la tierra, esa pérdida agravó aún más sus dificultades. Hasta donde sabemos por el relato bíblico, ella sólo tenía un hijo y al parecer éste era demasiado pequeño para proveer para ella, tal como haría automáticamente un hijo mayor en esa cultura.

El cuidado y la alimentación de sí misma y de su único hijo recayeron sobre sus hombros, hombros que rápidamente se arquearon bajo el peso de una responsabilidad demasiado grande de soportar. En efecto, cuando se nos la presenta en 1 Reyes, está en una situación desesperante.

El mal que estaba presente en la tierra daba razón de la larga y extendida maldición de hambre de parte de Dios.

❖❖❖

Aunque a esta viuda y a su hijo no se los menciona sino hasta el capítulo 17 de 1 Reyes, el contexto de su historia y su relevancia para nosotros hoy se encuentra en el capítulo anterior, donde leemos acerca de Acab, el rey que estaba en el poder en ese tiempo.

> *"Y reinó Acab hijo de Omri sobre Israel en Samaria veintidós años. Y Acab hijo de Omri hizo lo malo ante los ojos de Jehová, más que todos los que reinaron antes de él. Porque le fue ligera cosa andar en los pecados de Jeroboam hijo de Nabat, y tomó por mujer a Jezabel, hija de Et-baal rey de los sidonios, y fue y sirvió a Baal, y lo adoró."*
>
> —1 REYES 16:30–31

Estos versículos, así como muchos otros que preceden el relato de la historia de la viuda, nos dan una idea del mal que estaba presente en la tierra y que da razón de la larga y extendida maldición de hambre de parte de Dios. En este contexto de riesgo de vida y en esta cultura pecaminosa nos encontramos con la viuda de Sarepta por primera vez.

DESAFIADA POR UN PROFETA

Poco sabemos acerca de la vida de esta mujer más que el hecho de que su esposo había muerto, pues se la llama viuda, que tenía un hijo, y vivía en Sarepta, Fenicia, aproximadamente a ocho millas al sur de Sidón camino a Tiro. Esta pequeña cantidad de información, sin embargo, nos brinda suficiente contexto para darnos una clara idea de cómo debe haber sido su vida.

Primero, vivió en un tiempo y en una cultura donde una mujer sin un esposo que la protegiera y proveyera para ella tenía una vida muy difícil. Las viudas dependían de sus hijos, particularmente los varones, para que las cuidaran. Como en la historia sólo se menciona un hijo, y éste era demasiado joven para cuidar de ella, esta mujer en particular la estaba pasando peor que la mayoría.

Para agravar el asunto, hubo una gran hambre en la tierra, causada por una sequía que, para la época de nuestra historia, ya se había prolongado aproximadamente dos años y medio. El alimento era escaso, incluso para las familias cuyos esposos y padres aún vivían. Por lo tanto, la dificultad de la viuda era bastante fácil de entender.

Hay otro factor que resulta interesante notar en este punto y es que la malvada reina Jezabel, que odiaba a Dios y a su fiel profeta Elías, también era oriunda del mismo territorio. Irónicamente, el profeta, que estaba huyendo por su vida de una reina que originariamente era de esa tierra, ahora va a esa misma área a encontrarse con una viuda hambrienta y su hijo que, según las instrucciones de Dios, alimentará a Elías y lo mantendrá con vida hasta que el hambre cese.

Antes de ir a Sarepta, Elías ya había confrontado al rey Acab y le había declarado la promesa de Dios de que *"no habrá lluvia ni rocío en estos años, sino por mi palabra"* (1 Reyes 17:1). Inmediatamente después de declarar la sequía, Elías recibió esta palabra de dirección de parte de Dios:

> *"Apártate de aquí, y vuélvete al oriente, y escóndete*
> *en el arroyo de Querit, que está frente al Jordán.*
> *Beberás del arroyo; y yo he mandado los a cuervos*
> *que te den allí de comer".*
>
> —1 REYES 17:3-4

En respuesta:

> [Elías] *"fue e hizo conforme a la palabra de Jehová; pues se fue y vivió junto al arroyo de Querit, que está frente al Jordán. Y los cuervos le traían pan y carne por la mañana, y pan y carne por la tarde; y bebía del arroyo"*.
>
> —1 REYES 17:5-6

Con el tiempo, sin embargo, *"el arroyo se secó, porque no había llovido sobre la tierra"* (1 Reyes 17:7). En ese momento, Dios volvió a hablarle a Elías, dirigiéndolo a una nueva fuente de provisión ordenada por Dios: *"Levántate, ve a Sarepta de Sidón, y mora allí; he aquí yo he dado orden allí una mujer viuda que te sustento"* (1 Reyes 17:9).

En este punto es donde Dios presenta a Elías a la viuda y él le presenta a ella su primer pedido: *"Te ruego que me traigas un poco de agua en un vaso, para que beba"* (1 Reyes 17:10).

Este pedido parece ser sencillo, pero para la viuda, era mucho más que eso. Las Escrituras nos dicen que cuando Elías puso sus ojos sobre la viuda por primera vez, ella estaba en las puertas de la ciudad, juntando leña. Lo que las Escrituras no nos dicen es cómo era ella, aunque comenzamos a hacernos una idea en nuestras mentes al leer los versículos siguientes.

El versículo 11 nos dice que la viuda hizo caso del pedido de Elías y fue a buscarle agua para beber, aunque no estamos muy seguros de por qué lo hizo. ¿Es posible que haya tenido que ver con el hecho de que lo reconociera como profeta de Dios? Es probable que Elías llevara puesta una prenda rústica de pelo de camello y la capa que significaba su llamado profético. Aunque la viuda, como la vasta mayoría de los ciudadanos de Sarepta, no adoraba al Dios de Israel, sin duda estaba consciente de Él y tal vez pudiera reconocer a sus seguidores. Quizás, también, Dios le abrió los ojos para ver que Elías era un profeta de Dios, un hombre al que debería escuchar y obedecer. Sea cual fuere la razón,

Ella apenas tenía lo suficiente para una última comida.

ella honró el pedido de Elías e interrumpió su urgente tarea de recoger leña para buscarle algo de beber.

Sin embargo, el versículo 11 continúa diciéndonos que mientras estaba yendo a buscarle algo de beber, la llamó para pedirle algo más: *"Te ruego que me traigas también un bocado de pan en tu mano"*. Ahora bien, una cosa era dejar lo que estaba haciendo para ir a traerle agua a este profeta extranjero; otra muy distinta era traerle comida, puesto que apenas tenía lo suficiente para una última comida para ella y su hijo. Su respuesta al profeta en el versículo 12 nos da una clara idea de lo desesperante que era en realidad su situación:

> *"Vive Jehová tu Dios, que no tengo pan cocido; solamente un puñado de harina tengo en la tinaja, y un poco de aceite en una vasija; y ahora recogía dos leños, para entrar y prepararlo para mí y para mi hijo, para que lo comamos, y nos dejemos morir".*

Esta mujer no estaba realizando una simple tarea diaria; estaba recogiendo leña para hacer fuego y usar lo último de sus escasas raciones para prepararse una comida para ella y su hijo. Después de eso, se había resignado a aceptar el destino que les esperaba a ambos.

Esta declaración suya nos da una idea bastante clara de cómo debe haberle parecido al profeta cuando la vio por primera vez a las puertas de la ciudad. Sin duda caminaba encorvada, habiendo perdido mucho tiempo atrás todo brío en su andar —quizás lo había enterrado en la tumba junto con su marido. Podríamos suponer que ropas andrajosas colgaban de su cuerpo escuálido, y una mirada de desesperanza en su rostro debió reconocerse a simple vista. Pero Elías la llamó, para pedirle primero agua y después comida. Tan difíciles como eran los tiempos para todos en esa tierra seca y azotada por el hambre, una viuda hambrienta no parecería ser la primera elección del profeta cuando se trataba de obtener el sustento que necesitaba para sobrevivir. Pero sin duda Dios había escogido a esa viuda y le había asegurado a Elías que ésta era la mismísima mujer a la que Dios había *"dado orden"* (1 Reyes 17:9) de que proveyera para él.

Entonces Elías le lanzó el desafío. Al explicar la viuda su desesperante aprieto, Elías le respondió con estas palabras:

"No tengas temor; ve, y haz como has dicho; pero hazme a mi primero de ello una pequeña torta cocida debajo de la ceniza, y tráemela; y después harás para ti y para tu hijo. Porque Jehová Dios de Israel ha dicho así: La harina de tu tinaja no escaseará, ni aceite de la vasija disminuirá, hasta el día en que Jehová haga llover sobre la faz de la tierra".
—1 Reyes 17:13-14

Aquellos de nosotros que tenemos la bendición de vivir en áreas donde la comida por lo general es más que abundante, estamos acostumbrados a dar de nuestra abundancia. A diferencia de otros que viven en situaciones menos abundantes, quizás no se nos ha pedido que demos de nuestra necesidad o nuestra pobreza. Es fácil prestar o dar un par de huevos a la vecina cuando sabemos que tenemos otra docena bien guardada en el refrigerador; un desafío totalmente distinto es si la vecina nos pide que le prestemos los últimos dos huevos que nos quedan —y no tenemos perspectivas de tener más.

En esa situación se encontraba la viuda, con el profeta que le pedía la última comida que tenía, el alimento que había planeado preparar para sí y para su hijo antes de que el hambre acabara con ellos. Pero Elías no le pidió la comida en su nombre; la pidió en nombre del Señor Dios de Israel, prometiéndole a la viuda que si aceptaba este desafío y obedecía el mandamiento de Dios, Él proveería para ella y su hijo hasta que terminara la sequía.

Ahora bien, puede que no haya sido creyente o adoradora de este Dios de Israel, pero obviamente había oído hablar de Él, y de alguna forma supo que estaba en presencia de uno de sus profetas. Como resultado, dio un paso de fe gigantesco y obedeció, yendo a su casa a preparar esa última comida y luego presentándosela al profeta, aunque sin duda su estómago hacia ruido y se le hacía agua la boca al mirarlo comer. Lo que es aún peor, le dolía el corazón al pensar que había privado a su amado hijo de su última comida en la tierra —a menos que este Dios de Israel interviniera como había prometido.

¿Y no es eso lo más importante? ¿No es exactamente ahí donde nos quiere Dios? No dar tan sólo una miseria de nuestra abundancia, sino reconocer que todo es de Él —todo— y que tiene derecho a pedírnoslo en cualquier momento. En efecto, en algún punto en las vidas de cada uno de nosotros, si nos llamamos seguidores del único Dios verdadero, Él ciertamente nos confrontará y nos pedirá que le demos lo que es más preciado para nosotros. Así como hizo con la viuda de Sarepta, como hizo con Abraham cuando le dijo al patriarca que sacrificara a su único hijo Isaac, como hizo con Ester cuando su tío la desafió a arriesgar su vida intercediendo ante el rey a favor del pueblo judío.

La viuda de Sarepta respondió honorablemente y con fe, obedeciendo a Dios y dando lo último de su provisión terrenal; a cambio, Dios honró su promesa y proveyó para ella y su hijo —como también para Elías el profeta— garantizándoles suficiente harina y aceite cada día para mantener a los tres con vida hasta que la lluvia volviera a caer sobre la tierra.

> *La provisión diaria de Dios fue confirmación de fidelidad y veracidad.*

RESTAURADA POR LA ORACIÓN

La provisión diaria de harina y aceite para la viuda, su hijo y Elías fue una confirmación poderosa de la fidelidad de Dios y de la veracidad absoluta de sus promesas. Pero esto de andar por fe era nuevo para la viuda, y al igual que muchos de nosotros que hemos sido testigos de la provisión milagrosa de Dios en nuestras vidas, cuando su fe fue probada, ella flaqueó.

Como madres podemos identificarnos de una manera especial con la fe vacilante de esta mujer, particularmente porque su prueba vino ligada a su hijo. ¿Hay algo más difícil que confiar en Dios —por completo, cien por cien, sin restricciones— cuando se trata de nuestros hijos? No es tan difícil rendirnos a Dios y confiar en Él cuando somos los únicos afectados. ¿Pero nuestra descendencia? Eso es otra historia.

Y no obstante, a través de la Biblia, vemos historias tanto de padres como de madres que son probados al punto de entregar a sus hijos a Dios. Abraham, como se mencionó antes, tuvo que hacerlo con Isaac cuando lo llevó al monte para ofrecerlo como sacrificio. Jocabed puso al bebé Moisés en una canasta y lo escondió entre los juncos del río, confiando en que Dios lo protegería y lo libraría. Ana llevó al hijo por el que había orado y lo entregó a Elí el sacerdote para que lo criara en el tabernáculo. ¿Y puede haber un ejemplo mayor de una madre que se vio forzada a confiar en Dios por la vida de su hijo que el de María de Nazaret?

Esta pobre viuda, que había perdido todo y que muy recientemente había llegado a la fe en el único Dios verdadero, parecía haber recobrado su equilibrio y seguridad en la vida cuando súbitamente se quedó sin nada. De una sola vez, su fe se hizo añicos y su corazón quedó destrozado cuando, según 1 Reyes 17:17:

> *"Después de estas cosas aconteció que cayó enfermo*
> *el hijo del ama de casa; y la enfermedad fue tan*
> *grave que no quedó en él aliento".*

En otras palabras, el hijo de la viuda cayó gravemente enfermo y murió, dejando a esta mujer no sólo desconsolada sino también abrumada por la culpa. Aunque se había convertido en seguidora del Dios de Israel, al parecer no había llegado a entender el perdón y la restauración que Dios le había concedido porque quizás supuso que la muerte de su hijo era el castigo de Dios por su vida pagana anterior a su conversión.

Pero ese es el mensaje del Calvario: el castigo ya fue administrado.

¿No es algo con lo que todos hemos luchado a veces? Si hemos aceptado a Jesús como nuestro Salvador, sabemos que Él nos ha perdonado y hemos sido adoptados en la familia de Dios. Somos sus hijos e hijas por toda la eternidad, y nada o nadie puede cambiar eso porque las promesas de Dios son veraces y para siempre. Pero...

¿No hay veces en que el diablo —o nuestro propio pensamiento— nos tienta a creer que algo malo que nos ha sucedido es el resultado de un pecado pasado? Sin importar que el pecado esté "bajo la sangre", pagado por la muerte y resurrección del propio Hijo de Dios; muy fácilmente caemos en la trampa de pensar que de alguna forma hemos provocado —o merecido— el castigo de Dios por pecados cometidos hace largo tiempo. ¿Merecemos tal castigo? ¡Por supuesto! Pero ése es el mensaje del Calvario: el castigo ya fue administrado. Jesús cargó con nuestro castigo por nosotros. Si caemos en la trampa de pensar que podemos "merecernos" el castigo por nuestra mala conducta, con la misma facilidad podemos caer en la trampa de pensar que podemos "ganarnos" el perdón o el amor o la salvación de Dios. Al parecer la viuda de Sarepta también tenía que aprender esta lección.

Cuando el hijo de la viuda murió, ella confrontó a Elías con estas palabras: *"¿Por qué te entrometes, hombre de Dios? ¡Viniste a recordarme mi pecado y a matar a mi hijo!"* (1 Reyes 17:18, NVI). En otras palabras, le preguntó si había venido a su casa sólo para atraer la atención de Dios hacia ella para que recordara su vida pecaminosa y la castigara matando a su hijo.

Aunque este razonamiento puede parecer ilógico, esta mujer había vivido toda su vida en una cultura pagana hasta que el profeta vino a quedarse en su casa y sus ojos vieron la verdad. Pero aún era bastante nueva en su fe, y cuando al parecer le habían quitado la vida de su hijo, es comprensible que pudiera llegar a semejante conclusión.

Sin embargo, Elías ni siquiera le respondió la pregunta. Simplemente dijo: *"Dame acá tu hijo"* (1 reyes 17:19). Entonces llevó al niño a la habitación superior donde el profeta se hospedaba, y oró hasta que Dios restauró la vida del niño. Entonces *"tomando luego Elías al niño, lo trajo del aposento a la casa, y lo dio a su madre"* (1 Reyes 17:23), y en el mismo versículo le dijo: *"Mira, tu hijo vive"*.

Así como María de Nazaret se gozó con la resurrección de su Hijo siglos después, la viuda de Sarepta se regocijó porque le habían devuelto a su hijo. Sus palabras a Elías revelan la nueva profundidad de su fe después de ese incidente: *"Ahora sé que eres un hombre de Dios, y que lo que sale de tu boca es realmente la palabra del Señor"* (1 Reyes 17:24, NVI).

La viuda de Sarepta ahora sabía, sin dudas, que cuando Dios hablaba una palabra, sucedería, sin importar las circunstancias. Su hijo, que tenía vida y aliento, era toda la prueba que jamás necesitaría para recordar la fidelidad de Dios.

No todos los que son mencionados en el Antiguo Testamento vuelven a serlo en el Nuevo Testamento, específicamente por Jesús mismo, pero la viuda de Sarepta es una de esas pocas. Cuando Jesús estaba hablando en la sinagoga de su propio pueblo, confrontó a sus vecinos —los mismos que lo habían visto crecer y que los conocían bien a Él y a su familia— y señaló su falta de fe, usando a la viuda de Sarepta como ejemplo.

¿No hubiera sido lindo que Jesús hubiera nombrado a la mujer al referirse a ella? Seguramente sabía su nombre, aunque en el relato de 1 Reyes nunca se menciona. A su vez, quizás no lo hizo por esa misma razón: para centrar la atención no en la mujer, sino en Dios que fue su fiel Proveedor. Su propósito al destacar a esta viuda pobrísima

Dios a veces usa a la persona menos pensada para exhibir su grandeza.

no fue glorificarla o alabarla, sino señalar que Dios a veces usa a la persona menos pensada para exhibir su grandeza. Así es como Jesús contó la historia:

> *"De cierto os digo, que ningún profeta es acepto en su propia tierra. Y en verdad os digo que muchas viudas había en Israel en los días de Elías, cuando el cielo fue cerrado por tres años y seis meses, y hubo una gran hambre en toda la tierra; pero a ninguna de ellas fue enviado Elías, sino a una mujer viuda en Sarepta de Sidón. Y muchos leprosos había en Israel en tiempo del profeta Eliseo; pero ninguno de ellos fue limpiado, sino Naamán el sirio".*
> —LUCAS 4:24–28

Jesús no sólo señaló que Dios había usado a una viuda pobre de una cultura pagana para sustentar al profeta Elías, sino que también dio el ejemplo de Naamán, otro pagano de Siria, al que Dios sanó de lepra antes que a cualquiera de los muchos leprosos que había en Israel.

Estos ejemplos no fueron bien recibidos por los oyentes de Jesús, porque los versículos 28 a 29 nos dicen:

"Al oír estas cosas todos en la sinagoga se llenaron de ira y levantándose, le echaron fuera de la ciudad, y le llevaron hasta la cumbre del monte sobre el cual estaba edificada la ciudad de ellos, para despeñarle".

Una reacción algo extrema, por no decir otra cosa. Parece que los oyentes de Jesús no estaban para nada complacidos con que les señalara su falta de fe, junto con el ejemplo de pecadores o paganos usados por Dios para cumplir sus propósitos. Pero Jesús estaba hablando estas palabras con amor, usando sus ejemplos para tratar de ayudar a esta gente a entender quién era Él y por qué era tan importante que lo escucharan y lo siguieran.

Algunos lo hicieron, por supuesto. Como la viuda de Sarepta, dejaron sus antiguas vidas y se unieron al único Dios verdadero. Otros, sin embargo, se negaban a creer, eligiendo en cambio continuar por su propio camino, siguiendo a sus propios dioses y deseos. El resultado fue, como Jesús sabía que sería, trágico.

¿No es asombroso cómo las palabras de Jesús, palabras que nos confrontan precisamente en el lugar donde estamos, palabras que ofrecen esperanza y perdón y vida eterna, pueden provocar una chispa de fe en algunos pero avivar las llamas de odio en otros? Eso sucedió cuando Jesús trajo a la memoria de sus oyentes la conocida historia de la viuda de Sarepta, que fue usada muy poderosamente para preservar la vida de Elías profeta de Dios. Algunos, sin duda, guardaban sus palabras y reflexionaban sobre ellas, mientras que otros se enfurecían y trataban de matar a la Fuente de esas palabras. Sin embargo, Jesús no podía ser matado hasta que llegara el tiempo de entregar su vida por su propia voluntad. Y como no era el tiempo, el versículo 30 cierra esta escena de confrontación con estas palabras: *"Mas él pasó por en medio de ellos, y se fue".*

La turba enojada creyó que tenía a Jesús contra las cuerdas —en realidad, al borde de un precipicio— pero Él camino tranquilo por en medio de ellos y se fue.

Ni las circunstancias ni la gente, ni los problemas ni los demonios, pueden detener la voluntad de Dios cuando Él ha determinado hacer algo. En la historia de la viuda de Sarepta, Dios determinó cuidar del profeta Elías primero por medio de la provisión de un arroyo y cuervos, luego por medio de la continua provisión de harina y aceite en el hogar de una viuda pobrísima. También había decidido traer a una pobre viuda y a su hijo a la fe en Él, y ni siquiera una cultura o contexto paganos, un poderoso rey o una malvada reina, o la muerte de un hijo podría evitar que esos propósitos se cumplieran.

Jesús honró a la viuda de Sarepta recordando a sus oyentes cómo Dios la había usado, una mujer que de lo contrario sería una heroína muy improbable para cualquier historia. Y, en gran parte, ¿no nos describe eso a todos nosotros? ¿No nos sentimos todos inadecuados y no calificados para recibir cualquier clase de notoriedad u honor, particularmente de parte de Dios mismo?

Pero eso hace que la historia de esta viuda y su hijo sea tan personal. No le quedaba nada, su última lata de sopa, pero sin fuerza para usar el abrelatas; su última pieza de pan con una corteza dura en la bolsa; su último pedazo de queso, cubierto de moho. No podía estar peor. Entonces, Dios aparece y dice: "Dámelo todo. Lo poquito que te queda, entrégalo. Quiero usarlo para algo. Y entonces yo cuidaré de ti. Te alimentaré y a tu hijo, cada día, mientras tengas necesidad".

Cuando usted realmente cree que Dios es bueno y fiel y cumple su palabra, parece un buen trato, ¿no? Pero cuando nunca ha conocido a Dios, nunca lo ha probado para ver si Él es quien dice ser, es un poco más difícil entregar la última mísera comida. Aunque sabe que no puede sustentarla para siempre, es suya y es todo lo que usted tiene. No se le está pidiendo que dé de su abundancia; se le está pidiendo que dé todo, y que confíe en Dios para todo.

Es lo que le sucedió a la viuda de Sarepta, y ella respondió bien. Una mujer pagana en una tierra pagana —la misma ciudad de la que provenía la malvada reina Jezabel— respondió mejor que muchos que habían nacido y se habían criado en la fe judía. Jesús quería que sus oyentes entendieran que el amor y el perdón de Dios, así como también su fidelidad y provisión, estaban al alcance de todos los que creyeran y confiaran en Él, y por eso usó el ejemplo de una viuda pobre y su hijo para plantearles el tema.

> *"La abundancia de dinero no es un requisito para*
> *ser una buena madre; las madres más pobres*
> *a menudo crían a los hijos más ricos."*
>
> —Dayle Shockley, escritora

Algo para meditar o anotar en su diario:

1. ¿Qué ocasiones ha experimentado en su propia vida en que sintió que había llegado a su última lata de sopa o pedazo de queso mohoso? ¿Puede pensar en maneras milagrosas en que Dios pudo haber intervenido para satisfacer sus necesidades y ayudarle a superar esos momentos?

2. Considere esas oportunidades en que fue presionada a dar cuando sentía que no le sobraba nada. ¿Cómo reaccionó? ¿Está contenta con la forma en que enfrentó esos momentos? Si no es así, ¿cómo los enfrentaría de un modo diferente?

3. En relación con la forma en que reaccionó la viuda cuando murió su hijo, ¿puede pensar en ejemplos de su propio andar de fe en que cree que le falló a Dios reaccionando de forma negativa y dudando de Él? ¿Qué ha aprendido desde entonces que pueda cambiar la forma en que ahora trataría con esas mismas situaciones?

> *"El amor de la madre es el combustible que permite a un ser humano normal hacer lo imposible."*
>
> **—Marion C. Garrety, escritora**

Oración de una madre

Padre Dios, gracias porque usas a los menos probables o calificados para ser héroes de la fe, porque eso significa que puedes usarme a mí. Perdóname, Señor, por las muchas veces en las que no confié en que proveerías para mis necesidades, a pesar de tu fidelidad previa y tus promesas constantes. Ayúdame, Padre, a recordar a la viuda de Sarepta y su disposición para confiar en ti con todo. Que yo también tenga esa clase de fe, no en mis propias capacidades o valor, sino en los tuyos. Gracias, Señor, en el nombre de Jesús. Amén.

"Mi madre tenía un cuerpo delgado y pequeño, pero un corazón grande, un corazón tan grande que las alegrías de todos eran bienvenidas en él, y hallaban un sitio acogedor."

—Mark Twain, (Samuel Langhorne Clemens), escritor, humorista

*"La oración es una cobertura para el hijo
y un consuelo para la madre."*

Dolley Carlson, escritora

CAPÍTULO 10

Elisabet: Disposición al sacrificio

Ambos [Zacarías y Elisabet] *eran justos delante de Dios, y andaban irreprensibles en todos los mandamientos y ordenanzas del Señor. Pero no tenían hijo, porque Elisabet era estéril, y ambos eran ya de edad avanzada.*
—Lucas 1:6-7 (aclaración entre corchetes añadida).

LECTURAS BÍBLICAS SUGERIDAS:
Lucas 1; Mateo 11:11

AUNQUE EL RELATO de la vida de Elisabet se limita casi completamente a un capítulo de la Biblia, hay mucho que podemos aprender de ella en esos 80 versículos. Además, hay mucho que podemos usar como pauta en nuestras propias vidas como esposas, madres e hijas de nuestro Padre celestial.

Está lo obvio, por supuesto, de que Elisabet había pasado lo que podríamos considerar sus años fértiles y aún no había conocido el gozo de la maternidad. En una cultura donde la maternidad se estimaba por encima de casi todo otro atributo de la mujer, ésta no era una situación fácil de sobrellevar. Y con todo, no vemos evidencia de que se hubiera vuelto celosa o amargada o interesada. Sus características, en efecto, parecen ser exactamente las opuestas, con la humildad, paciencia y abnegación entre las primeras de la lista.

Como otras mujeres estériles mencionadas en las Escrituras, incluyendo a la gran matriarca hebrea Sara, sin duda Elisabet anhelaba un hijo. ¿Había llegado a la edad de renunciar a toda esperanza? Posiblemente. Pero en Lucas 1:37, el ángel Gabriel le habla a María de Nazaret. Después de decirle a María que su prima mayor Elisabet al fin esperaba un hijo, Gabriel trae a colación la historia de Elisabet, esposa de Zacarías, madre de Juan el Bautista, y tía del mismo Jesús: *"Porque nada hay imposible para Dios"*. Ese versículo tipifica la concepción y el nacimiento de su hijo Juan, así como también su capacidad de servir al Dios de sus padres con humildad e integridad sin mirar a las circunstancias, y nos habla de la esperanza que Dios tiene para todas nosotras.

Lo primero que aprendemos de Elisabet en Lucas 1:5 es que era la esposa de un sacerdote llamado Zacarías y que ella misma era descendiente de la tribu aarónica, o sacerdotal, de Israel. Luego sabemos que tanto Elisabet como Zacarías, los padres de Juan el Bautista, primo y precursor del Mesías, tenían sólido conocimiento de las Escrituras. También sabemos que no eran meros "lectores" de las Escrituras; también eran "hacedores", puesto que el versículo 6 nos dice *"andaban irreprensibles en todos los mandamientos y ordenanzas del Señor"*.

Era una pareja piadosa con una herencia piadosa y con todo, según el versículo 7, *"no tenían hijo, porque Elisabet era estéril, y ambos eran ya de edad avanzada"*. Nacieron en el lugar correcto, en las familias correctas, con el linaje correcto, y pusieron lo mejor para hacer todas las cosas correctamente, pese a lo cual sufrían una seria carencia en sus vidas. Porque a cualquiera de nosotras que ha sufrido situaciones similares —algunas por años, como sucedió con Zacarías y Elisabet— la vida no nos parece justa, ya sea que tengamos los antecedentes correctos o no. Y con todo, Elisabet seguía siendo la mujer honrada y humilde que sin duda era de joven y aún soñaba con ser madre algún día.

¿Cómo lo hizo? ¿Y cómo puede ayudarnos su fidelidad a hacer lo mismo? Quizás una mirada más de cerca a esta prima mayor de la joven virgen María de Nazaret, nos dará una mejor comprensión de cómo también nosotras podemos tener un corazón humilde, libre de amargura y envidia, sin importar los anhelos no cumplidos y que parecen injustos.

Elisabet es mejor conocida como la madre de Juan el Bautista y la prima de María de Nazaret, pero antes de que alguno de esos dos títulos fuera realidad, Elisabet era la esposa de Zacarías, un sacerdote que servía en el templo. Juntos servían a Dios, irreprensibles *"en todos los mandamientos y ordenanzas del Señor"* (Lucas 1:6). Por supuesto, sabemos que eso no significa que fueran perfectos, ya que sólo Jesús caminó en esta tierra sin pecado. Pero ellos vivían conforme a la Ley de Moisés, incluyendo el ofrecimiento de sacrificios cuando pecaban. Obviamente eran una pareja piadosa, un luminoso ejemplo para otros de cómo deberían vivir los israelitas fieles, ambos como esposo y esposa y como siervos del Dios Altísimo.

Obviamente eran un luminoso ejemplo.

Por el versículo 13 también sabemos que Zacarías había estado orando e intercediendo activamente por su esposa, implorándole a Dios que les diera un hijo, incluso en su avanzada edad, porque el ángel le había dicho: *"Zacarías, no temas; porque tu oración ha sido oída, y tu mujer Elisabet te dará a luz un hijo".*

Zacarías obviamente estaba familiarizado con las Escrituras y creía que el mismo Dios que permitió que Sara concibiera y diera a luz un hijo a los noventa años podía hacer lo mismo por Elisabet, y por eso oraba fielmente para tal fin. Más tarde, después del nacimiento de su hijo, antes de que Zacarías recuperara la voz, fue Elisabet quien anunció su nombre. Cuando la gente del pueblo cuestionó la elección de Elisabet, Zacarías la confirmó escribiendo *"Juan es su nombre"* en una tablilla, soltando así su lengua para hablar nuevamente, al mismo tiempo que apoyaba a su esposa en presencia de otros.

No existe indicio de que la esterilidad de Elisabet haya causado división entre ella y Zacarías. Vivian juntos como esposo y esposa, y servían juntos a Dios con fidelidad: un sacerdote casado con una mujer descendiente del sumo sacerdote Aarón, hermano de Moisés el dador de la Ley. Excepto por la falta de un hijo, su matrimonio sin duda era una unión dichosa y plena.

Al fin, sin embargo, el hogar que nunca había conocido el correteo de piecitos o el débil gemido de un recién nacido, ahora tendría razón para gozarse, para proclamar el anuncio a toda la ciudad, cuando el ángel Gabriel le declaró a María tan sólo unos meses antes del nacimiento de Juan: *"Porque nada hay imposible para Dios"* (Lucas 1:37). ¡La mujer estéril no lo sería más! Ella, que había observado en silencio, pero con ansia cuando sus amigas y parientas amamantaban a sus bebés, ahora tendría un hijo en sus brazos y haría lo

Su nivel de gozo es casi imposible de comprender.

mismo. Su nivel de gozo es casi imposible de comprender, a menos que usted también sea una mujer que ha anhelado un hijo, en cuyo caso el sentimiento de brazos vacíos es demasiado real y la tocan muy de cerca.

¿Cómo recibió Elisabet la noticia? A diferencia de María, que fue visitada personalmente por el ángel Gabriel para darle de primera mano la noticia de su inminente embarazo, Elisabet sin duda lo oyó de su esposo. Porque fue al sacerdote Zacarías, que servía en el templo, a quien vino el mensajero angelical.

Sucedió un día en que una gran multitud estaba orando fuera del edificio templo, y Zacarías estaba *"ejerciendo... el sacerdocio delante de Dios según el orden de su clase"* y *"le tocó en suerte ofrecer el incienso, entrando en el santuario del Señor"* (Lucas 1:8-9). En otras palabras, como uno de los muchos sacerdotes que servían en el Templo, fue el turno de Zacarías de ofrecer el incienso y orar a Dios. Y mientras realizaba sus deberes como sacerdote, *"se le apareció un ángel del Señor puesto en pie a la derecha del altar de incienso"* (Lucas 1:11).

Naturalmente, Zacarías se asustó. Aunque era sacerdote, preparado para servir en el Templo y que cumplía habitualmente los mandamientos y ordenanzas de Dios, no estaba acostumbrado a que se le aparecieran ángeles ante sus ojos. Pero el ángel le habló de inmediato para disipar sus temores:

"Zacarías, no temas; porque tu oración ha sido
oída, y tu mujer Elisabet te dará a luz un hijo, y
llamarás su nombre Juan. Y tendrás gozo y alegría,
y muchos se regocijarán de su nacimiento porque
será grande delante de Dios. No beberá vino ni
sidra, y será lleno del Espíritu Santo, aun desde el
vientre de su madre. Y hará que muchos de los hijos
de Israel se conviertan al Señor Dios de ellos. E irá
delante de él con el espíritu y el poder de Elías, para
hacer volver los corazones de los padres a los hijos
y de los rebeldes a la prudencia de los justos, para
preparar al Señor un pueblo bien dispuesto."
—Lucas 1:13-17

¡Guau! ¡Qué promesa! Zacarías y Elisabet no sólo van a engendrar
y dar a luz un hijo en su vejez, sino que Dios ha prometido usar
poderosamente a ese hijo.

Primero el ángel le dice a Zacarías que no tema sino que se goce
porque Dios ha oído su oración. Eso en sí mismo es una noticia
emocionante cuando se ha estado orando por años y nada parece
suceder. Pero a medida que los años iban y venían, haciendo que
la posibilidad de la oración contestada fuera más improbable, Zacarías no se dio por vencido. Qué lección para aquellas de nosotras
que queremos tirar la toalla cuando nuestras oraciones no reciben
respuesta después de semanas o incluso meses.

Perseverar en la oración es una de las cosas más difíciles que
cualquiera de nosotras podrá hacer jamás, pero es el acto mismo que
exhibe ante Dios nuestra fe en Él en su capacidad para responder, su
disposición para hacerlo, su tiempo y respuesta perfectos. En todos
los años que Zacarías oró —y sin duda Elisabet también— ciertamente nunca esperó que la respuesta viniera de boca de un ángel.

¿No es ésa otra lección impactante para que aprendamos a
perseverar en la oración? Dios no sólo se encarga del tiempo de su
respuesta, sino que lo hará a su manera, no a la nuestra —y a menudo cuando menos lo esperamos.

El ángel entonces le dice a Zacarías que su hijo será *"grande delante de Dios. No beberá vino ni sidra"* (Lucas 1:15). La declaración del ángel de que su hijo no beberá *"vino ni sidra"* puede indicar que él, "al igual que Sansón, iba a ser un Nazareo, dedicado a Dios en la forma especial que se explica en Números 6:1-21", según el *Jewish New Testament Commentary* de David J. Stern. Fuera éste el caso o no, era obvio que Juan, al igual que sus padres antes que él, sería un creyente y siervo del Dios Altísimo, y ése debió ser un anuncio grato a los oídos de Zacarías.

El ángel pasó a darle una profecía aun más asombrosa: *"Y será lleno del Espíritu Santo, aun desde el vientre de su madre"* (Lucas 1:15). Éste es un versículo muy importante, no sólo porque predice la fuente del poder de Juan para hacer todas las cosas que hará en su vida, sino que también establece que aun antes de su nacimiento, mientras todavía estaba en el vientre de su madre, Juan sería un individuo con personalidad.

Dios no sólo se encarga del tiempo de su respuesta, sino que lo hará a su manera.

Aunque algunas traducciones dicen que sería lleno del Espíritu *"desde el nacimiento"*, otras dicen *"desde el vientre de su madre"*, una distinción clave que aparentemente está confirmada, según *Women of the Bible* de Sue y Larry Richards, en el versículo 41, que dice: *"Y aconteció que cuando oyó Elisabet la salutación de María, la criatura saltó en su vientre; y Elisabet fue llena del Espíritu Santo"*. Dios envió a su Espíritu Santo a llenar a un bebé no nacido de una gran promesa. Fue esa poderosa llenura de Juan cuando aún estaba en el vientre de su madre lo que lo capacitó y facultó para convertirse en el hombre que Dios lo había llamado a ser.

Y esa gran verdad se aplica a todas nosotras. A menos que nazcamos de nuevo y que el Espíritu Santo esté morando en nuestro interior, no podemos hacer virtualmente nada más que servirnos a nosotras mismas. Juan fue llamado a servir a Dios y a otros, y necesitaba al Espíritu Santo dentro de él para ser capaz de cumplir ese llamado. Fuimos llamadas a ese mismo servicio, y por lo tanto también necesitamos tener al Espíritu Santo en nuestro interior.

Finalmente, el ángel le cuenta a Zacarías de las grandes cosas que Juan hará y a quién vendrá a servir y glorificar:

"Y hará que muchos de los hijos de Israel se
conviertan al Señor Dios de ellos. E irá delante de
él con el espíritu y el poder de Elías, para hacer
volver los corazones de los padres a los hijos y de los
rebeldes a la prudencia de los justos, para preparar
al Señor un pueblo bien dispuesto."

—Lucas 1:16-17

Juan no sería el Mesías tan esperado, pero sería aquel que lo precedería, que llamaría a la gente al arrepentimiento, que volvería sus corazones a Dios, y que destacaría al Mesías que estaba en medio de ellos.

¡Qué honor! Y éste sería el anuncio que Zacarías le llevaría a Elisabet aunque en el momento, por su débil fe, él ya no podía hablar. Porque cuando el ángel había completado este gran anuncio para Zacarías, señalándole que el Espíritu de Dios cumpliría este acontecimiento milagroso de principio a fin, Zacarías expresó sus dudas diciendo: *"¿En qué conoceré esto? Porque yo soy viejo, y mi mujer es de edad avanzada"* (Lucas 1:19). Zacarías podrá haber sido sacerdote, ¡pero no entendía! De hecho creyó que él tenía que hacer su parte en este milagro profetizado en y por sus propias fuerzas. Entonces el ángel le cerró la boca hasta que aprendiera a hablar en fe: *"Y quedarás mudo y no podrás hablar, hasta el día en que esto se haga, por cuanto no creíste mis palabras, las cuales se cumplirán a su tiempo"* (Lucas 1:20).

¿No se siente feliz de que Dios no nos deje mudas cada vez que pronunciamos palabras de incredulidad? ¡Yo, sin ir más lejos, pasaría muda mucho más tiempo! Pero eso fue exactamente lo que le ocurrió a Zacarías, y entonces vivió la concepción y el embarazo de Elisabet sin hablar palabra. De alguna forma, sin embargo, pudo transmitirle la gloriosa promesa de Dios a su esposa, y nuestra humilde y honorable heroína recibió la noticia con gozo. ¡Al fin iba a tener su propio hijo!

No obstante, tan emocionada y entusiasmada como estaba, Elisabet sabía que su hijo sería el precursor del Mesías, no el Mesías mismo. Lo que ella no sabía cuando Zacarías le contó por primera vez del inminente nacimiento fue que su propia prima —una joven virgen llamada María de la ciudad de Nazaret— sería quien diese a luz al Mesías prometido.

Después que María tuvo su propia visita angelical, decidió hacer un viaje para visitar a su prima mayor Elisabet. Si alguien podía entender un embarazo milagroso, seguramente razonó María, sería Elisabet. Y por supuesto, no se equivocaba.

Desde el momento en que Elisabet oyó la voz de María, la prima mayor entendió más de lo que había soñado posible, tal como ilustran claramente los versículos 41-45.

> *"Y aconteció que cuando oyó Elisabet la salutación de María, la criatura saltó en su vientre; y Elisabet fue llena del Espíritu Santo, y exclamó a gran voz, y dijo: 'Bendita tú entre las mujeres, y bendito el fruto de tu vientre. ¿Por qué se me concede esto a mí, que la madre de mi Señor venga a mí? Porque tan pronto como llegó la voz de tu salutación a mis oídos, la criatura saltó de alegría en mi vientre. Y bienaventurada la que creyó, porque se cumplirá lo que fue dicho de parte del Señor'."*

Elisabet, que para entonces había pasado incontables horas meditando en la proclamación profética declarada sobre su propio hijo, Juan, de pronto comprendió la identidad del Mesías al que serviría su hijo —¡al Hijo de su prima María! ¿Cómo supo esto? En el minuto en que María dio una palabra de saludo a Elisabet, Juan el Bautista —aún como bebé no nacido— saltó en el vientre de su madre. Inmediatamente después, Elisabet fue llena del Espíritu Santo, quien le reveló la verdad al hablar sus palabras de bendición profética.

Dos mujeres, tan diferentes en edad, pero tan parecidas en cuanto a su destino, compartieron sus corazones.

La humildad de Elisabet queda bellamente ilustrada en sus palabras a María: *"¿Por qué se me concede esto a mí, que la madre de mi Señor venga a mí?"*. En otras palabras,

¿quién soy yo para que me visite la madre del tan esperado Mesías? El hecho de que María fuera a Elisabet no era inusual; después de todo, eran primas. Pero que la mujer embarazada del Mesías se dignara visitarla era más de lo que Elisabet podía comprender.

Juntas, estas dos mujeres, tan diferentes en edad, pero tan parecidas en cuanto a su destino, compartieron sus corazones y sus sueños, sus gozos y sus temores, y esperaban tener en sus brazos a los bebés que Dios milagrosamente había puesto dentro de ellas. Pero al mismo tiempo que planeaban y soñaban, estas futuras mamás ¿imaginaron alguna vez las espadas de angustia que algún día atravesarían sus corazones?

HIJA DISPUESTA Y OBEDIENTE

La Biblia nos dice que *"cuando a Elisabet se le cumplió el tiempo de su alumbramiento, dio a luz un hijo"* (Lucas 1:57). ¡Qué acontecimiento debió haber sido! Cada vez que un bebé, particularmente un hijo varón, nacía en ese tiempo y cultura, era motivo de celebración. La vida era considerada sagrada, y el nacimiento de una nueva vida saludable era un suceso emocionante, por lo que no es sorpresa que la buena noticia se difundiera rápidamente y sus parientes y vecinos *"se gozaron con ella"* (Lucas 1:58). Entonces, como era la costumbre, al octavo día llevaron al bebé al Templo para su *Brit Milah*, o ceremonia de circuncisión y de asignación de nombre.

Esta acción por parte de Zacarías y Elisabet estaba en conformidad con lo que aprendimos de ellos anteriormente: *"Ambos* [Zacarías y Elisabet] *eran justos delante de Dios, y andaban irreprensibles en todos los mandamientos y ordenanzas del Señor"* (Lucas 1:6, aclaración entre corchetes añadida). Según el pacto que Dios hizo con Abraham (vea Génesis 17:10-14), la circuncisión era un requerimiento para todos los varones judíos, y debía hacerse al octavo día después del nacimiento (vea Génesis 17:12 y Levítico 12:3). En esta misma oportunidad el hijo recibiría su nombre, casi siempre el de algún miembro cercano de la familia. Como resultado, los que habían venido a celebrar con Zacarías y Elisabet supusieron que el nombre del bebé sería Zacarías, pero Elisabet los dejó pasmados cuando dijo otra cosa: *"No; se llamará Juan"* (Lucas 1:60).

La gente le argüía que no había en su familia nadie que se llamara Juan, pero cuando Elisabet no cedió, fueron a Zacarías y *"preguntaron por señas a su padre, cómo le quería llamar"* (Lucas 1:62).

Zacarías, que seguía mudo, consiguió una tablilla y escribió estas palabras, apoyando a su esposa y honrando las instrucciones angélicas que había recibido meses antes: *"Juan es su nombre"* (Lucas 1:63).

En ese instante, la Biblia nos dice: *"Fue abierta su boca y suelta su lengua, y habló bendiciendo a Dios"* (Lucas 1:64). El resultado fue:

> *"Y se llenaron de temor todos sus vecinos; y en todas las montañas de Judea se divulgaron todas estas cosas. Y todos los que las oían las guardaban en su corazón, diciendo: '¿Quién pues, será este niño?' Y la mano del Señor estaba con él".*
>
> —LUCAS 1:65-66

¡Que celebración de circuncisión habrá sido ésa! Por cierto Elisabet jamás la olvidaría. Aunque ella siempre había creído la palabra de Dios, lo cual era en sus acciones y palabras hasta ese punto, ahora había visto restaurada el habla de su esposo, y tiene que haber sabido que fue porque él honró y creyó a Dios, desafiando a la tradición y obedeciendo la instrucción del ángel de llamar

Honró y creyó a Dios, desafiando a la tradición y obedeciendo la instrucción del ángel.

Juan a su hijo. Las noticias de un acontecimiento semejante deben haber corrido como fuego, sumándose a las historias ya existentes de la concepción y nacimiento milagrosos por parte del anciano sacerdote Zacarías y su esposa Elisabet que antes era estéril.

Desde ese punto en adelante, todos los ojos estuvieron puestos en esta pequeña familia. En una cultura donde la gente se ocupaba de saber lo que sucedía con la otra gente del pueblo o ciudad, no pudo pasar inadvertido que llegara un niño nacido en circunstancias tan milagrosas. Y aunque no tenemos relatos bíblicos específicos de que en su niñez Jesús y Juan hayan tenido amistad, podemos suponer que pudo haber existido, y que floreció a medida que crecían, aunque vivían a millas de distancia.

Además, por el versículo 66 sabemos que *"la mano del Señor estaba con"* Juan y que *"el niño crecía, y se fortalecía en espíritu; y estuvo en lugares desiertos hasta el día de su manifestación a Israel"* (Lucas 1:80). También sabemos que su padre, Zacarías, después de haber recobrado el habla, hizo una poderosa proclamación profética acerca de la vida de su hijo, y que Elisabet seguro absorbió cada palabra que hablaba, guardándolas en su corazón para referencia futura:

> *"Bendito el Señor Dios de Israel, que ha visitado y redimido a su pueblo. Y nos levantó un poderoso Salvador en la casa de David su siervo, como habló por boca de sus santos profetas que fueron desde el principio; salvación de nuestros enemigos, y de la mano de todos los que nos aborrecieron; para hacer misericordia con nuestros padres, y acordarse de su santo pacto; del juramento que hizo Abraham nuestro padre, que nos había de conceder que, librados de nuestros enemigos, sin temor le serviríamos en santidad y en justicia delante de él, todos nuestros días. Y tú, niño, profeta del Altísimo serás llamado; porque iras delante de la presencia del Señor, para preparar sus caminos; para dar conocimiento de salvación a su pueblo, para perdón de sus pecados, por la entrañable misericordia de nuestro Dios, con que nos visitó desde lo alto la aurora, para dar a luz a los que habitan en tinieblas y en sombra de muerte; para encaminar nuestros pies por camino de paz".*
>
> —LUCAS 1:68-79

Incluso para una madre que había sentido a su bebé saltar en su vientre al oír la voz de la madre del Salvador, estas palabras de Zacarías deben haber sido abrumadoras. Y con todo, puesto que primero y principalmente era una humilde y honorable hija de Dios mismo, fue capaz de aceptar lo que podía entender y de someter el resto al Altísimo, sabiendo que amaba a su hijo Juan más de lo que Zacarías sería capaz de hacerlo.

¿Fue ella una buena madre, una madre devota que crió un hijo piadoso? Jesús, años más tarde, durante su ministerio terrenal, dijo de Elisabet y Juan: *"De cierto os digo: Entre los que nacen de mujer no se ha levantado otro mayor que Juan el Bautista"* (Mateo 11:11).

Elisabet era una mujer humilde y honorable que amaba y servía a Dios, a su esposo y a su hijo. ¿Pensaba en Jesús y oraba por él a menudo, al mismo tiempo que veía crecer a su amado Juan? Aunque ambos hijos morirían en manos de hombres crueles y violentos, Elisabet, al igual que María, se sostenía en el conocimiento del perfecto plan de Dios para toda la humanidad y la parte que ellos tuvieron en su desarrollo.

> *Elisabet, al igual que María, se sostenía en el conocimiento del perfecto plan de Dios para toda la humanidad.*

"Recuerdo las oraciones de mi madre y siempre me han seguido. Se han pegado a mí toda mi vida."

**—Abraham Lincoln,
Presidente de los Estados Unidos**

1. Cuando considera el "pedigrí" de Elisabet de ser descendiente de un linaje de sacerdotes y casada con un sacerdote, ¿cómo la hace sentir eso en lo personal? Si no se puede identificar con ella en esos términos, ¿cómo se siente al saber que a pesar de todos esos antecedentes aparentemente impecables, Elisabet tuvo que esperar muchos años antes de recibir el deseo de su corazón?

2. Considere la reacción de Elisabet a la visita de María: a) la asombrosa reacción de su bebé; b) su comprensión de lo que estaba sucediendo en la vida de María; c) sus palabras humildes y sumisas a una muchacha que era su prima más joven. ¿Qué le dice todo eso a usted en sus propias circunstancias, y cómo puede incorporarlo de una forma que la ayude a cumplir el propósito de Dios para su propia vida y la de otros?

3. Ahora póngase en el lugar de Elisabet a medida que pasan los años y su hijo es un hombre, viviendo la vida ermitaña de un profeta y ganando tantos enemigos como amigos y seguidores. ¿Cómo se prepara para entregar su hijo a Dios, cualquiera que sea el resultado?

"Cuando su corazón se hinche de amor por sus hijos, recuerde que Dios lo puso allí, ¡es poderoso!"

—Judy Dippel, escritora

Oración de una madre

Padre, gracias porque podemos confiar en que tus promesas se cumplirán en tu tiempo y a tu manera. Gracias también porque tú sabes muy bien lo que es mejor para mí. Cuando oro para ver cumplidos los deseos de mi corazón, Señor, que sea según tu tiempo y tus propósitos y en una forma que te honre y glorifique. Dame un corazón íntegro y humilde, como el de Elisabet y ayúdame a ser agradecida por todo aquello que venga por tu divino plan y propósito. Lo pido en el maravilloso nombre de Jesús. Amén.

"Mamá exhortaba a sus hijos en cada oportunidad a 'saltar hacia el sol'. No aterrizaríamos en el sol, pero al menos nos despegábamos del suelo."

—Zora Neale Hurston, escritora, antropóloga

"A los ojos de su madre todo escarabajo es una gacela."

—Proverbio africano

Capítulo 11

La mujer cananea: Perseverancia en la oración

"Entonces ella vino y se postró ante él, diciendo: ¡Señor, socórreme! Respondiendo él, dijo: No está bien tomar el pan de los hijos y echarlo a los perrillos. Y ella dijo: Sí, Señor; pero aun los perrillos comen de las migajas que caen de la mesa de sus amos. Entonces respondiendo Jesús, dijo: Oh, mujer grande es tu fe; hágase contigo como quieres. Y su hija fue sanada desde aquella hora."
—Mateo 15:25-28

LECTURAS BÍBLICAS SUGERIDAS:
Mateo 15:21-28; Marcos 7:24-30

LA MUJER SIROFENICIA. La mujer cananea. La mujer sin nombre. La mujer con una hija poseída por un demonio. La mujer pagana sin derecho especial al Mesías judío...

Esa es la mujer que vino a Jesús buscando ayuda para su hija, era una mujer sin derecho directo a hacer eso, una mujer muy parecida a usted y a mí.

Y sin embargo, Jesús la ayudó. Sanó a su hija, y en el proceso, causó en una ciudad gentil un impacto en las generaciones venideras. ¡Qué poder y promesa contiene ese mensaje para nosotras!

Esta mujer sin nombre, cuyo corazón estaba afligido por su hija poseída por un demonio, vivía en el límite de la Tierra

Prometida, en la frontera norte de Palestina, aproximadamente a tres o más días de camino de Jerusalén. Ella no era miembro de la fe judía, antes bien era griega y pagana, una gentil, aunque probablemente de linaje semita, puesto que Mateo la llamó "una mujer de Canaán", refiriéndose a la antigua tierra de Canaán. Marcos, en cambio, se refirió a ella como sirofenicia porque vivía en el país de Fenicia, que pertenecía a Siria.

Sin importar su herencia o su carencia de "pedigrí", era una mujer que amaba entrañablemente a su hija y quizás había perdido la esperanza de verla libre. Y entonces oyó de Jesús, el así llamado Profeta judío al que le atribuían muchos milagros. ¿Sería posible que Él pudiera —que *quisiera*— sanar a la hija de una gentil sin nombre que ni siquiera tenía derecho a pedir?

Sólo había una forma de averiguarlo.

UNA MADRE DESESPERADA

Lo primero que exclamó esta querida mujer cuando se acercó a Jesús fue: *"¡Señor, Hijo de David, ten misericordia de mí! Mi hija es gravemente atormentada por un demonio"* (Mateo 15:22). A primera vista, éste parecía ser un acercamiento razonable de una mujer desesperada, similar a muchos a quienes Él había recibido y respondido antes. Sin embargo, Jesús la ignoró, cosa rara en Él. El versículo 23, en efecto, nos dice: *"Pero Jesús no le respondió palabra"*. ¿Por qué Jesús haría una cosa así? En ningún lugar de los Evangelios vemos a Jesús dar la espalda a una necesidad legítima. ¿Por qué, entonces, ignoraría por completo una petición tan desgarradora de un individuo obviamente necesitado?

> *Sin embargo, el Señor Jesús corrigió su forma de pensar.*

La respuesta se encuentra en la contestación de Jesús a sus discípulos que lo urgían: *"Despídela, pues da voces tras nosotros"* (Mateo 15:23). Sin duda la mujer estaba llamando la atención y se estaba convirtiendo en una molestia y una vergüenza, y los discípulos sólo querían que Jesús le concediera su petición, como había hecho con muchas otras, y la enviara por su camino. No estaban tan preocupados por la mujer o su hija, sino por ellos mismos. No deseaban tener nada que ver con esta mujer, y cuanto más pronto se fuera, mejor.

Sin embargo, el Señor Jesús corrigió su forma de pensar con una breve declaración: *"No soy enviado sino a las ovejas perdidas de la casa de Israel"* (Mateo 15:24). En otras palabras, su misión inmediata no era rescatar a los gentiles perdidos, sino más bien a las ovejas perdidas de Israel. Esto no era tanto un insulto a los gentiles en general o a la mujer sirofenicia en particular, más bien era un recordatorio a los muchos judíos que lo seguían y escuchaban que eran ellos —a pesar de su linaje correcto y sus reglas y normas religiosas— los que necesitaban un Salvador. Aunque su misión de rescate con el tiempo se extendería a los gentiles tanto como a los judíos, Jesús quiso dejar perfectamente claro quiénes eran los objetos inmediatos de su mensaje de salvación: los judíos.

Una humilde sierva

¿Se ofendió nuestra heroína por el aparente rechazo de Jesús? Si fue así, ciertamente no lo demostró. En efecto, respondió de la manera más humilde, cambiando su forma de acercamiento y diciendo simplemente: *"¡Señor, ayúdame!"*.

La oración no se puede simplificar mucho más, ¿verdad? ¿Cuántas veces nos hemos encontrado en una situación desesperada, incapaces de pensar en nada que decir más que: *"Señor, ayúdame"*? Es la oración más básica conocida por la humanidad y está enterrada en el corazón de cada individuo que haya vivido, incluyendo al ateo más inflexible. Es un reconocimiento de que no podemos hacer nada separados de Dios, una posición de la cual nacen milagros y vidas se transforman.

Esta situación particular de la mujer sirofenicia era exactamente eso. Esta madre estaba desesperada. Sin duda había cuidado de su hija durante años, incluso es posible que la haya llevado a cualquier charlatán que le prometió una cura a cambio de las míseras monedas que pudiera poseer. Pero su hija no había sido sanada. En efecto, la madre describió a su hija como *"gravemente* atormentada por un demonio". La niña estaba fuera de control, posiblemente hasta con intentos de suicidio o siendo peligrosa para otros. Si alguien necesitaba ayuda, esta pobre mujer estaba calificada para recibirla.

"*Señor, ayúdame*", oró, una versión más corta de su primera petición cuando se refirió a Jesús como el "*Hijo de David*". Sin duda, cambió sabiamente su forma de hablarle, al darse cuenta de la animosidad de los discípulos hacia ella. Los seguidores judíos de Jesús no querían a una mujer gentil merodeando por allí, clamando y atrayendo la atención hacia ella. Cuando comprendió que podía haber cometido un error al dirigirse a Jesús como el Hijo de David, puesto que ella no era una hija de Israel y por tanto no tenía derecho a dirigirse a Él como un judío de igual linaje, cambió de táctica. Si no podía recurrir a Él como conciudadano judío, se abandonaría a su merced como Señor. Después de todo, era una criatura necesitada, y reconocer su capacidad para satisfacer su necesidad y llamarlo Señor significaba su reconocimiento de Él, ya sea como Dios mismo o al menos como Aquel que lo representaba por legítimo derecho.

Éste fue un gigantesco paso de fe para esta mujer anteriormente pagana, pero cuando estamos desesperadas por ver un cambio en la vida de un ser amado, estamos más dispuestas a dar esos pasos de fe. Pero aun entonces, Jesús no respondió inmediatamente a su súplica.

En cambio, le dijo: "*No está bien tomar el pan de los hijos, y echarlo a los perrillos*" (Mateo 15:26). ¡Ay! Eso debió dolerle. Ya era malo que Jesús la ignorara la primera vez que clamó a Él, pero ahora parecería que la estuviera insultando a propósito. ¿Cómo encaja eso con nuestra imagen de un Salvador amoroso?

Hay dos palabras griegas para perro y es importante distinguir entre ambas. En el *Jewish New Testament Commentary*, David H. Stern lo explica de la siguiente forma:

> *Hay dos palabras griegas para "perro": "kuon", perros carroñeros que merodean por las calles en jaurías, y "kunarion", pequeños perros que se tienen como mascotas de la casa (sólo en este pasaje y su paralelo, Mr. 7:27-28). Pero aunque aquí no se esté comparando a los gentiles con gruñonas bestias salvajes, ¿no se los está insultando de todas*

formas? La respuesta sólo puede ser: no más que
en el Tanak [Antiguo Testamento] mismo, donde
el pueblo de Israel es aceptado de una forma espe-
cial como sus hijos. Y aunque el judaísmo enseña
que los gentiles justos del mundo tienen parte en el
mundo por venir, esto no es una prioridad ni en el
Tanak ni en el judaísmo rabínico.

Lo asombroso de esta historia es que la mujer sirofenicia no se ofende en absoluto con esta declaración de Jesús. En lugar de eso, persevera humildemente y dice: *"Si, Señor; pero aun los perrillos comen de las migajas que caen de la mesa de sus amos"* (Mateo 15:27).

> *Una palabra de su boca es suficiente para satisfacer la necesidad.*

En lugar de sentirse insultada o argumentar que tiene derecho a pedir sanidad para su hija, esta querida madre simplemente admite que lo que Jesús ha dicho es absoluta e incuestionablemente cierto. Y luego, sencillamente da a entender que comerse las migajas que caen de la mesa del banquete no privará a los judíos de su legítima herencia.

En una simple declaración, ella ha reconocido la verdad de las palabras de Jesús y el derecho del pueblo judío a tener el primer lugar en su ministerio y enseñanzas. También se ubica humildemente a sus pies y pide migajas, reconociendo que la mínima porción de su poder milagroso o una palabra de su boca es suficiente para satisfacer la necesidad que tan abiertamente trajo ante Él.

Es la posición exacta necesaria para provocar una respuesta sanadora de parte de Jesús. Esta mujer gentil, pagana, sin nombre estaba a punto de recibir el milagro que necesitaba para su hija.

UNA CREYENTE FIEL

¡Qué bien me identifico con esta madre desesperada! Mi hijo menor, que se crió en la iglesia y conocía la Verdad, eligió en un tiempo alejarse de esa verdad y vivir de un modo que causó dolor y temor inimaginables a mi corazón. ¡Oh, cómo agonicé y oré para que regresara! Como el padre del hijo pródigo en Lucas 15:11-32, yo estaba al borde de la calzada, mirando anhelante el punto donde mi amado hijo se había apartado de su Padre celestial y comenzado su caminata hacia el país lejano. La esperanza de verlo regresar me hizo pasar a través de esos largos y dolorosos meses y años.

Pero esta pobre mujer sirofenicia no había tenido esa esperanza, porque ni conocía y ni seguía al único Dios verdadero. Sin duda oraba y ofrecía sacrificios a cada dios pagano del que hubiera oído, pero sólo después de oír historias de Aquel que transitaba los caminos polvorientos de Galilea, perdonando pecados y sanando a los enfermos y heridos, se encendió una llama de verdadera esperanza en su corazón.

¿Podría ser? ¿Sería posible que Éste, de quien algunos decían que era el Mesías esperado de Israel, pudiera realmente hacer milagros? Y si era así, ¿se atrevía esta mujer pagana y gentil a tener esperanza en que Él se dignara incluirla entre los destinatarios de esos milagros?

Ella sabía que sus chances eran pocos, pero hasta una posibilidad escasa era mejor que ninguna cuando ya llevaba vividos tantos años sin esperanza. Sin duda esta madre había dedicado la mayor parte de su vida a cuidar de esta hija gravemente atormentada por un demonio a la que amaba entrañablemente, a pesar de los problemas que presentaba su situación. Estuvo dispuesta a humillarse, a rogar, a abandonarse a la merced de Aquel que podría ser capaz —y querer— a ayudarla.

Una vez más, debemos recordar que esta mujer no tenía derecho ancestral, nacional o religioso de acercarse a Jesús —ni a ningún otro judío, en realidad— para pedirle un favor. Pero lo hizo. No sólo se le acercó y le pidió ayuda, continuó pidiendo, aun cuando parecía que Él la había rechazado e insultado. No es de extrañar que Jesús al fin le respondiera como lo hizo, culminando en una de las historias de milagros más impactante de todos los Evangelios.

Con esta mujer que admitía estar dispuesta a —e incluso impaciente por— aceptar cualesquiera migajas cayeran de la mesa a la que sólo el pueblo judío tenía derecho a sentarse, esto es lo que sucedió: *"Entonces respondiendo Jesús, dijo: Oh mujer, grande es tu fe; hágase contigo como quieres. Y su hija fue sanada desde aquella hora"* (Mateo 15:28).

"Oh mujer, grande es tu fe." ¡Qué declaración de la misma boca de Dios encarnado! ¿No es una declaración que también nos gustaría oír dirigida a nosotras? Yo, por otra parte, me inclino a esperar oír a Jesús decirme lo mismo que les dijo a sus discípulos en Mateo 6:30: *"Hombres de poca fe".* Quizás es porque mis oraciones no son tan desesperadas y humildes como las de esta mujer sirofenicia por su hija. Quizás, cuando aún tengo un destello de esperanza de poder resolver las cosas por mí misma, no siento la total desesperación y dependencia de Él como la madre cuya hija era "gravemente atormentada por un demonio".

> *Yo he sido esa madre, buscando desesperadamente ayuda para un hijo.*

¿Cómo es que tan rápida y frecuentemente olvido lo que significa orar con tal desesperación? ¿Es porque mi hijo que una vez fue pródigo ha vuelto del chiquero a casa y ahora vive una vida más respetable? ¿Es necesaria otra crisis para ponerme de rodillas y clamar hasta por las migajas que caen de la mesa de los que son más dignos que yo?

Esta madre, cuyo profundo amor por su hija la llevó más allá de su sentimiento de indignidad a humillarse y persistir en oración al Único que podía ayudarla, es una mujer con la que me identifico muy fácilmente. Yo he sido esa madre, buscando desesperadamente ayuda para un hijo; yo he sido esa mujer, vestida de indignidad y sin derecho alguno a pedir la ayudar que tan desesperadamente necesitaba.

Y todas lo hemos sido. Es un lugar de humildad y desinterés, el lugar donde Dios puede romper las fachadas y máscaras que todas usamos y satisfacer las necesidades que claman desde nuestro dolor más profundo. Es el lugar donde la mujer sirofenicia encontró sanidad para su hija y, sin duda, la posterior salvación para ella y para otros, porque quedan pocas dudas de que esta mujer se haya convertido en seguidora del Mesías judío al que había venido con tanto temor y temblor... y esperanza.

"Oh mujer, grande es tu fe." Qué proclamación impactante e inmediatamente seguida de palabras que deben haber causado una explosión de gozo en el corazón de esta mujer: *"Hágase contigo*

como quieres" (Mateo 15:28). Lo que la mujer deseaba no era ningún secreto, pues lo pidió abierta y repetidamente: ayuda y sanidad para su hija gravemente atormentada por un demonio. Así que cuando Jesús habló esas palabras, ella supo de inmediato que sus peticiones habían sido contestadas.

¿No es ése el mensaje y el corazón del Salmo 37:4-11, esa querida sección de las Escrituras que promete gran paz y bendición a quienes pacientemente ponen toda su confianza en Dios?

> *"Deléitate asimismo en Jehová, y él te concederá las peticiones de tu corazón. Encomienda a Jehová tu camino, y confía en él; y él hará. Exhibirá tu justicia como la luz, y tu derecho como el mediodía. Guarda silencio ante Jehová, y espera en él. No te alteres con motivo del que prospera en su camino, por el hombre que hace maldades. Deja la ira, y desecha el enojo; no te excites en manera alguna a hacer lo malo. Porque los malignos serán destruidos, pero los que esperan en Jehová, ellos heredarán la tierra. Pues de aquí a poco no existirá el malo; observarás su lugar, y no estará allí. Pero los mansos heredarán la tierra, y se recrearán con abundancia de paz."*

Este particular pasaje de las Escrituras no hace la falsa promesa de que los seguidores de Jesús nunca experimentarán tristeza, pruebas o problemas; en cambio, sí promete que los que someten sus vidas a su señorío finalmente descansarán en la bendición y recompensa de Dios. En contraposición, también promete que los que se nieguen a arrepentirse y a aceptar o seguir las enseñanzas de la Biblia, y en vez de eso continúan en su propio camino algún día serán "cortados". Cuando el deseo de nuestro corazón es dejar todo a los pies de Jesús, sometiendo nuestras propias vidas a su voluntad y propósito, tendremos los deseos de nuestro corazón y nos deleitaremos *"con abundancia de paz"*.

Parte de la abundancia de paz es un gozo más allá de lo imaginable, y eso es lo que sintió esa querida madre el día que oyó a Jesús decirle: *"Oh mujer, grande es tu fe. Hágase contigo como quieres"*. Su deseo era ver a su hija sana y libre del grave tormento de los demonios, y el versículo 28 nos sigue diciendo: *"Y su hija fue sanada desde aquella hora"*. Las humildes y persistentes peticiones de esta madre fueron contestadas, y su hija fue sanada.

Una cosa interesante que observamos aquí es que Jesús no tuvo que irse de donde estaba para ir a la casa de la mujer sirofenicia e imponer manos sobre su hija y echar fuera los demonios hablándoles. Simplemente hizo una declaración de liberación, y la mujer le creyó. La hija, que ni siquiera estaba en los alrededores, cosechó los beneficios. Para cuando la madre regresó a su casa, sin duda corriendo todo el camino y gozándose mientras iba, su hija pudo recibirla con los brazos abiertos y un corazón agradecido.

Cuando mi pródigo estaba lejos de casa, me dio gran consuelo saber que a pesar de que estaba fuera de mi vista y mi "jurisdicción" parental, no estaba fuera de la de Dios. El "sabueso del cielo", como se ha llamado a menudo al Espíritu de Dios, iba pisándole los talones a mi hijo. Mi parte era simplemente rendir mi voluntad y entregar a mi hijo a Dios y orar. El Salvador fiel, que una vez había atraído y ganado mi corazón rebelde, haría lo mismo con mi hijo.

¿Me dijo Dios que mi fe era grande durante esos días? Ocasionalmente. Sin embargo, más a menudo, yo estaba con los nervios de punta, preguntándome si lograría llegar al final de otro día difícil, de otra noche llena de lágrimas. Pero Dios siempre fue fiel —incluso cuando yo no lo fui. Cuando desesperaba de llegar a ver a mi hijo arrepentirse y comenzar el largo camino a casa desde el chiquero, los brazos eternos estaban allí para llevarme cuando estaba demasiado débil para seguir poniendo un pie delante del otro. Y el mismo Dios fiel, que me cargó a mí y persiguió a mi hijo, el que al fin respondió a la mujer sirofenicia y sanó a su hija, continúa cargando y persiguiendo, escuchando y respondiendo, salvando y librando hoy.

Aunque muchos han dicho que Dios no contesta las oraciones de los que no son salvos, la historia de la mujer sirofenicia y su hija gravemente atormentada por demonios nos da que pensar sobre la forma en que Dios atrae hacia Él a

Yo estaba con los nervios de punta.

los no salvos. Es cierto, fue la necesidad desesperante la que llevó a esta mujer a Jesús, pero ¿no es lo que nos pasa a menudo a muchas de nosotras? Pocas de nosotras dejamos nuestras vidas de comodidad y autosuficiencia para buscar un Salvador, porque creemos que no necesitamos ninguno. Pero pongamos algunas necesidades personales y muy desesperantes en la mezcla, y de pronto las cosas cambian. Cuando esta mujer que había sido pagana puso su fe en Jesús, Él honró esa fe —e incluso la elogió públicamente por ella— y le concedió el deseo de su corazón. Como resultado, es muy probable que se haya convertido en una de las primeras gentiles "seguidoras del Camino", haciendo correr la noticia acerca del Mesías judío en su pueblo y, en efecto, ayudando a preparar el terreno para la comunidad cristiana que con el tiempo se estableció en Tiro.

Treinta años después del encuentro entre Jesús y la mujer sirofenicia, el apóstol Pablo tuvo ocasión de pasar una semana en Tiro. Refiriéndose a esta visita, Hechos 21:5 declara:

> *"Cumplidos aquellos días, salimos, acompañándonos todos, con sus mujeres e hijos, hasta fuera de la ciudad; y puestos de rodillas en la playa, oramos".*

¿Quiénes eran estas personas que acompañaron a Pablo y a sus compañeros, que oraron con ellos antes de despedirlos? Era la gente de Tiro, creyentes en Jesús y seguidores del Camino —como se les solía llamar en aquellos días— eran cristianos gentiles, algunos de los cuales muy posiblemente hayan conocido y recibido la influencia de la mujer cuya hija había estado gravemente atormentada por demonios, pero que había sido sanada y librada por el Mesías judío.

Santiago 4:2 dice: *"No tenéis lo que deseáis, porque no pedís"*. ¿Cuántas veces dejamos de llevarle una necesidad a Dios en oración sólo porque parece tan abrumadora o quizás porque nos sentimos indignas para pedirla? ¡Por supuesto que somos indignas! En nuestra propia justicia no podemos pedir o esperar cosa alguna de Dios. Por eso Jesús nos dijo que pidiéramos en su nombre, porque

En nuestra propia justicia no podemos pedir o esperar cosa alguna de Dios.

Él es digno y justo, y ha extendido esa misma dignidad y justicia a quienes lo reciben como Salvador y Señor. Por lo tanto, nunca debemos preocuparnos por ser indignos de entrar en su presencia. De hecho, ¡Dios anhela que lo hagamos! Jesús extendió esa misma invitación cuando dijo:

> *"Venid a mí todos los que estáis trabajados y cargados, y yo os haré descansar. Llevad mi yugo sobre vosotros, y aprended de mí, que soy manso y humilde de corazón; y hallaréis descanso para vuestras almas; porque mi yugo es fácil, y ligera mi carga".*
> —MATEO 11:28-30

Dios quiere que vayamos a Él —humilde, desesperada y totalmente dependientes de Él para todo— comprendiendo que, como Jesús dijo: *"...separados de mí nada podéis hacer"* (Juan 15:5). Ése es el lugar que había hallado esta mujer pagana, y entonces vino, sabiendo que no había otra esperanza para ella, ningún otro chance para su hija. Y Jesús, complacido con su fe, le concedió el deseo de su corazón.

Superar el sentido de indignidad que nos impide pedir la ayuda de Dios constituye un desafío muy real, pero una vez que lo hemos hecho, el siguiente paso es comprender que no hay nada demasiado difícil para Dios. Como Jesús dijo a sus discípulos cuando le preguntaron si alguien podría ser salvo: *"Para los hombres esto es imposible; mas para Dios todo es posible"* (Mateo 19:26). Dios puede hacer cualquier cosa. Nuestras peores circunstancias no son problema para Él.

Más allá del hecho de que Dios es *"poderoso para hacer todas las cosas mucho más abundantemente de lo que pedimos o entendemos, según el poder que actúa en nosotros"* (Efesios 3:20), lo cual significa que su capacidad de *hacer* va mucho más allá de nuestra capacidad de *pedir*, está el hecho asombroso de que nos ama y quiere cuidarnos y satisfacer nuestras necesidades, aunque quizás nosotras no siempre entendamos cuáles son realmente esas necesidades. Y a diferencia de la pobre mujer sirofenicia, nosotras hemos sido invitadas a su presencia, invitadas a dejar nuestras peticiones a sus pies, invitadas a pedir, buscar y golpear. Y cuando respondemos a esa invitación, lo oímos decir, como le dijo a esta mujer cananea: *"Oh mujer, grande es tu fe; hágase contigo como quieres"* (Mateo 15:28).

> *"¿Cuál es la diferencia entre una 'soccer mom' y un pit bull? El lápiz labial."*
>
> **—Sarah Palin, Candidata a vicepresidente 2008, exgobernadora de Alaska**

ALGO PARA MEDITAR O ANOTAR EN SU DIARIO:

1. Haga una lista de las veces en que se sintió un poquito como la desprotegida mujer sirofenicia con la hija gravemente atormentada por un demonio. Quizás se ha sentido incompetente, indigna, imposible de amar y con el agua hasta el cuello, por tanto se abstuvo de pedirle a Dios la ayuda que realmente necesitaba.

2. ¿Qué puede decir de las veces en que la desesperación la llevó a superar al fin esos sentimientos de incompetencia, indignidad o imposibilidad de ser amada? Considere la diferencia que marcó la desesperación en la forma en que resolvió los problemas, y luego describa el resultado cuando atravesó la barrera y, sin nadie más a quien recurrir, depositó los deseos de su corazón a los pies de Dios, desesperada por la respuesta que sólo Él podía darle.

3. ¿Alguien la ha elogiado alguna vez por ser una mujer de gran fe? ¿Cómo se sintió al oír esas palabras? ¿Se sintió asombrada, complacida, avergonzada? ¿Qué dijo en respuesta? Ante todo, ¿por qué supone que esa persona dijo tal cosa? Finalmente, ¿cómo cambió eso la forma en que se veía a sí misma a partir de ese momento?

*"Ningún regalo que le haga a su madre igualará
jamás el regalo que ella le dio a usted: la vida."*

—Anónimo

Oración de una madre

Padre Dios, te doy gracias porque por la vida, la muerte y la resurrección de tu Hijo, Jesucristo, no tengo que encogerme de miedo ni ocultarme por vergüenza por ser indigna de venir a tu presencia. Tú, Señor, has hecho un camino, y me has invitado a venir. Enséñame a hacerlo, Señor, rápido y a menudo, sin esperar a hallarme en una situación tan desesperante que esté casi destruida. Enséñame a venir simplemente porque es el lugar donde quiero estar es en tu presencia, disfrutando de ti como mi Padre celestial, y sabiendo que tu amor por mí es más grande que cualquier cosa que pueda imaginar. Como resultado, puedo confiar en que siempre harás lo correcto y lo mejor para mí en tu tiempo y a tu manera y, lo que es aun más importante, para tu gloria. Oro en el nombre de Jesús. Amén.

"Los hijos son las anclas que adhieren a una madre a la vida."

—Sófocles

"Los hijos son retratos de su madre."

—Autor desconocido

CAPÍTULO 12

Salomé: Capturar la visión eterna

Entonces se le acercó la madre de los hijos de Zebedeo con sus hijos, postrándose ante él y pidiéndole algo. Él le dijo: ¿Qué quieres? Ella le dijo: Ordena que en tu reino se sienten estos dos hijos míos, el uno a tu derecha, y el otro a tu izquierda.
—Mateo 20:20-21

LECTURAS BÍBLICAS SUGERIDAS:
Mateo 4:21; 20:20-28; 27: 56; Marcos 1:19-20; 10:35-40; 15:40-41; 16:1-8; Juan19:25

SALOMÉ, CUYO NOMBRE significa "Pacífica", es conocida sobre todo por el pedido que realizó a Jesús respecto a sus dos hijos, Jacobo y Juan. Pero hay mucho más sobre esta fiel seguidora del Salvador de lo que notamos a primera vista.

Mencionada frecuentemente en las Escrituras como la madre de Jacobo y Juan y la esposa de Zebedeo, un próspero pescador, Salomé era una de quienes siguieron fielmente a Jesús y respaldaron su ministerio público desde el principio hasta el fin, y quien sin duda lo conoció aun antes de eso.

Zebedeo y Salomé, con sus dos hijos, probablemente vivieron en Capernaum, o quizás en la cercana Betsaida, sobre las orillas del Mar de Galilea. El primer capítulo de Marcos revela que Zebedeo había contratado jornaleros (vea Marcos 1:20) así que podemos suponer que era exitoso en su empresa de pesca, y que la familia era conocida y respetada en la comunidad. También podemos suponer que Salomé estaba ocupada con sus dos briosos hijos, dado que en Marcos 3:17 se los llama "Hijos del trueno", posiblemente debido a sus explosivas naturalezas.

Entre nos, como madres, sea que tengamos hijos o no, podemos identificarnos, ¿no es así?

Aunque es posible que Salomé tuviera otros hijos, no se mencionan en las Escrituras. Quizás tuvo más hijos, e incluso algunas hijas, pero solamente Jacobo y Juan, los "Hijos del trueno", son mencionados y tratados en la Biblia. Dado que no se mencionan otros hijos, y que después nos enteramos por las Escrituras de que Salomé siguió físicamente y sirvió a Jesús durante su ministerio público, es probable que no tuviera otros hijos pequeños en casa. Así que nos concentraremos en Salomé solamente como la esposa de Zebedeo y la madre de Jacobo y Juan —y, por supuesto, como la fiel seguidora del Mesías judío. Porque, en última instancia, así es como ella es definida a través de los informes del Evangelio sobre su vida —y como mejor debemos comprenderla si vamos a emular la madre y discípula.

A COMIENZOS DEL MINISTERIO PÚBLICO DE JESÚS

Inmediatamente después de ser bautizado por su primo Juan el Bautista, lo que inició de manera oficial los aproximadamente tres años de ministerio público de Jesús, Él pasó algún tiempo en Capernaum, que muy probablemente fuera el pueblo natal de Jacobo y Juan, tanto como de otro bien conocido pescador llamado Simón Pedro. Fue durante esa temprana época de su ministerio público mientras estaba en Capernaum, que Jesús llamó a estos tres para que lo siguieran y fueran sus discípulos, así que no sería exagerado imaginar que Jesús pasara tiempo en las casas de estos hombres y se pusiera al tanto de sus familias.

Quizás Jesús disfrutaba visitando a Jacobo y Juan y comiendo lo que Salomé cocinaba. Otra posibilidad es que esta relación haya precedido al bautismo público de Jesús. Algunos eruditos creen que María, la madre de Jesús, y Salomé, era hermanas, sobre la base de la declaración de Juan 19:25: *"Estaban junto a la cruz de Jesús su madre, y la **hermana de su madre**, María mujer de Cleofas, y María Magdalena"* (énfasis añadido). Sea ésta o no la interpretación correcta de Juan 19:25, por cierto es seguro concluir que, aparte de María de Nazaret, Salomé fue una de las más notables madres que se cruzaron en el camino de Jesús durante los tres años de su ministerio público, y que la relación entre ellos era cercana y de confianza. El sólo hecho de que Salomé se sintiera cómoda haciendo lo que parecía, al menos, una solicitud descarada o audaz respecto a sus hijos (vea Mateo 20:20–23) dice mucho del nivel de la relación que había entre el Señor Jesús y Salomé. Además, en Lucas 8:1-3 y en Marcos 15:40-41 se dice claramente que Salomé, junto con un grupo considerable de otras mujeres, que no sólo siguieron a Jesús sino que también contribuyeron a su apoyo financiero durante todo su ministerio público.

> *Hubo mujeres que no sólo siguieron a Jesús sino que también contribuyeron a su apoyo financiero durante todo su ministerio público.*

Cualesquiera fueran los límites y parámetros entre estas dos familias en general, y entre Jesús y Salomé en particular, los dos eran indudablemente más que conocidos casuales y pasaron juntos suficiente tiempo como para ser considerados amigos, ganándole a Salomé un lugar de honor entre los seguidores del Mesías judío.

A FINES DEL MINISTERIO PÚBLICO DE JESÚS

A medida que se desarrollaban los tres años del ministerio público de Jesús como "predicador itinerante", Salomé continuó siguiéndolo. Además de "servir" a Jesús (vea Marcos 15:40–41), ya fuera proveyéndole comida o ropa o fondos, o posiblemente amistad y apoyo en oración, Salomé debe de haberlo escuchado mientras enseñaba a las multitudes. Sin duda se maravilló de las lecciones que Él ilustraba mediante sus muchas parábolas, y se asombraba ante los milagros que realizó por un toque o una palabra. Esta madre de dos de los discípulos del más auténtico "círculo íntimo" de Jesús —el tercero era Pedro— estaba ciertamente enterada de información confidencial que puede no haber estado al alcance de todos los que venían a escuchar y recibir de este benevolente Profeta y erudito Rabbi.

Es también lógico suponer que esta querida mujer creyó en el ministerio de Jesús con suficiente fuerza como para dejar un estilo de vida relativamente cómodo para seguirlo en su ministerio a las multitudes. Viniendo de una casa confortable donde su marido pescador, Zebedeo, la mantuvo bien, debe haber requerido todo un ajuste dejar su casa y vivir yendo de un lado al otro.

Por supuesto, tenía sin duda el incentivo adicional de seguir cerca de sus hijos, particularmente si Jacobo y Juan hubieran sido realmente sus únicos hijos. A veces las madres tenemos problemas para cortar a tiempo esos lazos, y esas verdaderas ligaduras pueden haber sido por lo menos parte de la motivación que llevó a nuestra heroína a empezar un estilo de vida nómada. A decir verdad, la historia por la cual ella es más conocida tiende a dar credibilidad a esta suposición, y se encuentra en Mateo 20:20–28:

> "*Entonces se le acercó la madre de los hijos de Zebedeo con sus hijos, postrándose ante él y pidiéndole algo. El le dijo: ¿Qué quieres? Ella le dijo: Ordena que en tu reino se sienten estos dos hijos míos, el uno a tu derecha, y el otro a tu izquierda. Entonces Jesús respondiendo, dijo: No sabéis lo que pedís. ¿Podéis beber del vaso que yo he de beber, y ser bautizados con el bautismo con que yo soy bautizado? Y ellos le dijeron: Podemos. El les dijo: A la verdad, de mi vaso beberéis, y con el bautismo con que yo soy bautizado, seréis bautizados; pero el sentaros a mi derecha y a mi izquierda, no es mío darlo, sino a aquellos para quienes está preparado por mi Padre. Cuando los diez oyeron esto, se enojaron contra los dos hermanos. Entonces Jesús, llamándolos, dijo: Sabéis que los gobernantes de las naciones se enseñorean de ellas, y los que son grandes ejercen sobre ellas potestad. Mas entre vosotros no será así, sino*

que el que quiera hacerse grande entre vosotros será vuestro servidor, y el que quiera ser el primero entre vosotros será vuestro siervo; como el Hijo del Hombre no vino para ser servido, sino para servir, y para dar su vida en rescate por muchos".

Es interesante cómo Marcos relata la misma historia de una manera tal que muestra que en realidad fueron Jacobo y Juan quién directamente —más bien que indirectamente, a través de su madre— le hicieron esta pregunta a Jesús:

"Entonces Jacobo y Juan, hijos de Zebedeo, se le acercaron, diciendo: Maestro, querríamos que nos hagas lo que pidiéremos. El les dijo: ¿Qué queréis que os haga? Ellos le dijeron: Concédenos que en tu gloria nos sentemos el uno a tu derecha, y el otro a tu izquierda. Entonces Jesús les dijo: No sabéis lo que pedís. ¿Podéis beber del vaso que yo bebo, o ser bautizados con el bautismo con que yo soy bautizado? Ellos dijeron: Podemos. Jesús les dijo: A la verdad, del vaso que yo bebo, beberéis, y con el bautismo con que yo soy bautizado, seréis bautizados; pero el sentaros a mi derecha y a mi izquierda, no es mío darlo, sino a aquellos para quienes está preparado. Cuando lo oyeron los diez, comenzaron a enojarse contra Jacobo y contra Juan. Mas Jesús, llamándolos, les dijo: Sabéis que los que son tenidos por gobernantes de las naciones se enseñorean de ellas, y sus grandes ejercen sobre ellas potestad. Pero no será así entre vosotros, sino que el que quiera hacerse grande entre vosotros será vuestro servidor, y el que de vosotros quiera ser el primero, será siervo de todos. Porque el Hijo del Hombre no vino para ser servido, sino para servir, y para dar su vida en rescate por muchos".
—MARCOS 10:35-45

En su mayor parte, estas dos versiones de la misma historia son casi idénticas, excepto que la de Mateo tiene a Salomé pidiéndole a Jesús este gran favor, mientras que la de Marcos muestra a los "Hijos del trueno" como "yéndose de boca" y pidiendo un tratamiento especial. Muy probablemente, como Jacobo, Juan y Salomé viajaban con Jesús, se acercaron a Él los tres para pedirle este favor enorme. ¿Quién lo instigó? Las Escrituras no responden explícitamente esa pregunta. Pero sabemos que cuando Jesús respondió a los tres, dirigió sus palabras a Jacobo y a Juan, no a Salomé.

Quizás fue así porque Jesús conocía bien lo que nosotros sólo podemos suponer: que Jacobo y Juan instaron a Salomé a abordar a Jesús por ellos. Las madres son a menudo y fácilmente convencidas de "hacer el trabajo sucio" por sus hijos, cubriéndolos y arriesgándose por ellos, pero al Señor Jesús no se le engaña. Y aunque éste no fuera el caso, y Salomé hubiera tenido originalmente la idea, es obvio por la respuesta que Jesús conocía los corazones ambiciosos de sus discípulos y no sólo de Jacobo y Juan.

Primero, Jesús responde a este pedido hablando directamente a los dos por quienes se había formulado: los propios "Hijos del trueno". "Ustedes no saben lo que están pidiendo", les dice, queriendo que comprendan que su reino no es de este mundo. Ellos esperaban seguir a Jesús en grandeza y poder sobre esta tierra, pero Jesús estaba tratando de hacerles comprender que su grandeza y su poder nunca podrían encontrarse en pertenencias materiales o liderazgos temporales.

Jesús no se detuvo allí, por supuesto, por cuanto éste es un mensaje que quería transmitir a todos los que lo seguirían en aquellos días, sí, tanto como a través de las edades. Así que se volvió al resto de sus discípulos, que ya habían empezado a rezongar y mostrar su propia mezquindad y ambiciones egoístas quejándose de la audacia de Jacobo y Juan al hacer tal pedido. Sin duda los otros discípulos tenían sus propias aspiraciones a la grandeza, y no les gustaba que se lo arrogaran estos dos pescadores sólo porque tuvieran una buena madre judía que se entrometiera a favor de ellos.

"*Sabéis que los gobernantes de las naciones se enseñorean de ellas, y los que son grandes ejercen sobre ellas potestad*", dijo Jesús dijo a los discípulos después de que *"los llamó a sí"* (Mateo 20:25). *"Mas entre vosotros no será así"* (Mateo 20:26).

Siempre fue ése el mensaje que Jesús trató de recalcar a sus seguidores: No se trata de ustedes; se trata de servir a Dios y a otros, porque mi reino no es de este mundo. Cada historia que Jesús contó, cada milagro que realizó, cada sermón que predicó, cada ejemplo que dio estaba calculado para ilustrar y destacar esa grandiosa verdad, una verdad que corre totalmente en contra del mensaje y la práctica de este mundo. Los que pertenecen a este mundo, que sirven al "dios de este mundo" (Satanás), pasan sus vidas enteras tratando de servirse a sí mismos, de adquirir más dinero y bienes materiales, más placer temporal y poder y prestigio. Pero Jesús quería dejar en claro que los que eligieran seguirlo no vivirían así. *"Mas entre vosotros no será así"*, dijo en el versículo 26, y luego pasó a explicar cómo deben ser quienes afirman seguirlo y servirlo.

> *"... sino que el que quiera hacerse grande entre vosotros será vuestro servidor, y el que quiera ser el primero entre vosotros será vuestro siervo; como el Hijo del Hombre no vino para ser servido, sino para servir, y para dar su vida en rescate por muchos."*
> —Mateo 20:26-28

Quienes tonta y egoístamente limitan sus vidas a este mundo temporal están ante todo para exaltarse y servirse, pero Jesús dijo que los que realmente desean ser grandes deben dedicar sus vidas a servir a otros, como Él mismo lo hacía. Incluso les habló proféticamente del gran sacrificio que pronto haría en la Cruz para redimir a los pecadores y abrir la puerta para que la relación con Dios fuese restaurada.

Y eso, por supuesto, era el elemento clave y el foco de esta gran historia. No era tan importante si fueron Salomé o sus hijos los que le pidieron a Jesús este favor impresionante —un favor que Jesús explicó que sólo puede ser concedido por el Padre—, sino que ninguno de los seguidores de Jesús debe pedir tal prestigio o posición,

> *Es obvio por la respuesta que Jesús conocía los corazones ambiciosos de sus discípulos*

sino tratar de tener el corazón de un siervo, como tuvo su Maestro.

En definitiva, ya sea que la ambición de Salomé por sus hijos hubiera instigado este hecho o que sólo haya ido con ellos en un esfuerzo por conseguir una respuesta segura de Jesús, en algún momento, durante su servicio a Jesús, ella captó la visión eterna.

Después de la muerte de Jesús

Salomé no sólo estuvo presente por lo menos desde los primeros días del ministerio público de Jesús —si no antes—, sino que estuvo allí hasta el final —y más allá. Cuando volvemos a leer acerca de esta querida mujer, la hallamos parada a cierta distancia, mientras Jesús cuelga de la Cruz, con un ladrón a su derecha y otro a su izquierda. No dudo de que esta mujer, así como los otros que estaban con ella, lloró ante la visión horripilante y casi inimaginable de su amado Señor crucificado a manos de los soldados romanos, en complicidad con algunos de los jefes religiosos judíos.

En algún momento, durante su servicio a Jesús, ella captó la visión eterna.

Sabemos que había varias mujeres presentes porque las Escrituras establecen claramente este hecho:

> *"También había algunas mujeres mirando de lejos, entre las cuales estaban María Magdalena, María la madre de Jacobo el menor y de José, y Salomé, quienes, cuando él estaba en Galilea, le seguían y le servían; y otras muchas que habían subido con él a Jerusalén".*
>
> —Marcos 15:40-41

La fiel Salomé, que posiblemente cocinó comidas para Jesús cuando recién empezó su ministerio público y escogió a sus hijos como seguidores; que viajó con Él por los caminos polvorientos de la Tierra Santa, dejando su confortable residencia y durmiendo al aire libre bajo las estrellas; quien escuchó y aprendió de sus palabras y sus acciones, bien pudo haber tomado conciencia de que el destino que acababa de enfrentar su Señor podría fácilmente tocarle a sus hijos.

Nada de eso era lo que había planeado, ciertamente no cuando ella y sus "Hijos del trueno" se acercaron a Jesús, pidiéndole un lugar especial en su reino. De pie allí, en la anormal oscuridad de ese pesado día, le debe haber parecido que toda esperanza de un nuevo reino regido por Jesús de Nazaret había desaparecido ante sus ojos. ¿Qué haría ahora? ¿Se rendiría y regresaría a una vida de esposa y madre de pescadores? ¿Podrían sus hijos regresar, en efecto, a tal profesión cuando Jesús mismo les había dicho que serían "pescadores de hombres"? ¿Cómo podía tal declaración conservar alguna verdad o esperanza a la luz de este reciente y trágico desarrollo? Jesús, quien había sido aclamado como Rey cuando hizo su entrada triunfal en Jerusalén sobre un burrito apenas una semana antes, colgaba ahora en agonía, muriendo la muerte de un criminal.

Mientras esta madre permanecía de pie, mirando y esperando, ¿dónde estaban sus hijos? Jacobo, el mayor de lo dos, se había reunido con los otros discípulos y escapado. Pero por lo menos Juan, su bebé, seguía ahí, esperando con Salomé y las otras mujeres incluyendo a la madre de Jesús, llorando mientras veían los últimos momentos de su amado sobre la tierra.

Cuando pasó el día de reposo, María Magdalena, María la madre de Jacobo y Salomé, compraron especias aromáticas para ir a ungirle.

Aunque Salomé era una fiel seguidora de Jesús, que estuvo con Él hasta el final, ella no era, evidentemente, la líder del pequeño grupo de mujeres que habían viajado con Él y lo habían servido. Ese puesto le correspondió a María Magdalena, pero Salomé fue amada y gozó de la confianza de todos los que estaban más cerca del Señor. Fue, de hecho, a su hijo menor, Juan, a quien Jesús confió el cuidado de su propia madre, cuando desde la Cruz le dijo, en Juan 19:27: *"He ahí tu madre"*. Ese mismo versículo pasa a decirnos: *"Y desde aquella hora el discípulo* [Juan] *la recibió* [a María de Nazaret] *en su propia casa"* (aclaraciones de nombres añadidas).

Cuando Jesús exhaló su último aliento, eso tampoco fue el final del servicio y la fidelidad de Salomé para con Él. Marcos 16:1 nos dice esto sobre su servicio a Jesús después de su muerte y entierro: *"Cuando pasó el día de reposo, María Magdalena, María la madre de Jacobo, y Salomé, compraron especias aromáticas para ir a ungirle"*. El cuerpo de Jesús había sido colocado en una tumba y dejado allí durante todo el Sabbath, pero ahora que el Sabbath había terminado, estas mujeres fieles vinieron a ungir su cuerpo para un entierro apropiado. ¡Poco esperaban encontrar una tumba vacía! Su principal preocupación en ese momento era cómo podrían hacer rodar la gran piedra que sellaba la tumba de Jesús.

> *"Y muy de mañana, el primer día de la semana, vinieron al sepulcro, ya salido el sol. Pero decían entre sí: ¿Quién nos removerá la piedra de la entrada del sepulcro? Pero cuando miraron, vieron removida la piedra, que era muy grande."*
>
> —MARCOS 16:2-4

El problema de la piedra había sido solucionado, porque la habían echo rodar y la tumba estaba abierta. Lo próximo que hicieron en lo natural fue que entraron en la tumba para terminar su misión, su acto final de servicio a su Señor. Como la historia sigue explicando, estas mujeres se iban a sorprender bastante.

> *"Y cuando entraron en el sepulcro, vieron a un joven sentado al lado derecho, cubierto de una larga ropa blanca; y se espantaron. Mas él les dijo: No os asustéis; buscáis a Jesús nazareno, el que fue crucificado; ha resucitado, no está aquí; mirad el lugar en donde le pusieron. Pero id, decid a sus discípulos, y a Pedro, que él va delante de vosotros a Galilea; allí le veréis, como os dijo."*
>
> —MARCOS 16:5-7

No sólo habían hecho rodar la piedra y abierto la tumba, sino que adentro estaba un ser inusual, ¡alguien mucho más vivo! Este alguien era *"un joven ... cubierto de una larga ropa blanca"*, cuya vista alarmó a las mujeres, como nos habría pasado a cualquiera de nosotros. Como si eso no fuera suficiente, luego este hombre les dijo: *"Buscáis a Jesús nazareno, el que fue crucificado; ha resucitado, no está aquí"*. Este hombre que era, obviamente, un mensajero angelical, no negó que Jesús hubiera sido efectivamente crucificado, pero también les dio las mejores noticias que alguna vez se hayan escuchado en este planeta: ¡Él ha resucitado! No está aquí. Pero vayan a decirles a los discípulos y seguidores lo que han visto y oído. ¡Empiecen a difundir la noticia que cambiará el mundo, de a un alma a la vez!

La querida Salomé, que había sido conocida como la esposa de Zebedeo el pescador y la madre de los "Hijos del trueno", Jacobo y Juan, tenía ahora el privilegio de ser una de las primeras en proclamar el evangelio, las buenas noticias de que Aquel que murió ahora vive de nuevo. ¡Qué alegría debe haber inundado las almas de esas asombradas mujeres! Pero, por asombrosas y casi increíbles que las noticias fueran, no dudaron en correr desde la tumba, de regreso al pueblo, para proclamarlas al resto de los acongojados seguidores de Jesús. Aunque el relato de Marcos dice que las mujeres *"no dijeron nada a nadie, porque tenían miedo"* (Marcos 16:8, NVI), podemos suponer que eso significa que no le dijeron nada a nadie fuera del círculo de los seguidores de Jesús, como explica Mateo en su descripción del mismo suceso.

> *"Mas el ángel, respondiendo, dijo a las mujeres: No temáis vosotras; porque yo sé que buscáis a Jesús, el que fue crucificado. No está aquí, pues ha resucitado, como dijo. Venid, ved el lugar donde fue puesto el Señor. E id pronto y decid a sus discípulos que ha resucitado de los muertos, y he aquí va delante de vosotros a Galilea; allí le veréis. He aquí, os lo he dicho. Entonces ellas, saliendo del sepulcro con temor y gran gozo, fueron corriendo a dar las nuevas a sus discípulos."*
> —MATEO 28:5-8

Ciertamente las mujeres estaban asustadas. ¿Quién no lo estaría después de semejante experiencia? Pero en obediencia se fueron de la tumba y tomaron el camino para ir a decirle a los discípulos lo que ocurrió, como explicó Mateo:

"Y mientras iban a dar las nuevas a los discípulos, he aquí, Jesús les salió al encuentro, diciendo: ¡Salve! Y ellas, acercándose, abrazaron sus pies, y le adoraron. Entonces Jesús les dijo: No temáis; id, dad las nuevas a mis hermanos, para que vayan a Galilea, y allí me verán".

—MATEO 28:8B-10

Ahora tenían más que la tumba vacía y la palabra del ángel para convencerlos de la resurrección; tenían el testimonio del propio Jesús resucitado, que les dijo que no se asustaran sino que fueran a decirle a los seguidores de Jesús —sus "hermanos", como Él los llamó— que fueran a Galilea donde ellos también lo verían.

Así que las mujeres siguieron las instrucciones tanto del ángel como de su Señor resucitado, y contaron las buenas noticias a los discípulos. Salomé, que había seguido

Las mujeres siguieron las instrucciones tanto del ángel como de su Señor resucitado.

y ministrado a Jesús durante sus tres años de ministerio público, tenía ahora el privilegio de ser parte de ese grupo de mujeres que podía hablar de primera mano de los asombrosos sucesos que habían tenido lugar en ese grandioso Día de la Resurrección. Aunque una vez había ido hacia Jesús —fuera por su propia voluntad o en respuesta a la instigación de sus hijos— a pedirle un especial favor y puestos para esos hijos en el reino terrenal que erróneamente imaginó que Jesús un día fundaría sobre la tierra, ahora se encontró en la humilde, pero honrosa posición de proclamar el verdadero reino del Cristo resucitado. ¡Qué impresionante debe haber sido para ella, tanto como para las otras mujeres, declarar esta verdad que cambia las vidas!

Y qué alegría debe haber habido en la vida de Salomé desde ese día en adelante, cuando vio a sus hijos convertirse en testigos audaces de este reino eterno y su divino Rey, declarando diariamente el evangelio y ganando a almas para Cristo, hasta que Jacobo fue martirizado por su fe y Juan desterrado a la isla de Patmos donde escribió el gran libro de la revelación de Jesucristo. ¿Qué honor más grande podría una madre haber deseado o pedido para sus hijos? Verdaderamente, ella y sus hijos habían captado la visión eterna.

"Una mujer sabia me dijo una vez: 'Sólo hay dos legados duraderos que podemos esperar dar a nuestros hijos. Uno de ellos es raíces, el otro, alas'."

—**Hodding Carter II, escritor y periodista**

1. ¿Cuáles son algunos de los sueños y ambiciones que esconde en su propio corazón respecto al futuro de sus hijos? ¿Cómo puede saber si esos sueños y ambiciones son el propósito de Dios para sus hijos o son de usted?

2. Considere las ocasiones en que usted se ha permitido "interceder" por sus hijos cuando podría haber sido mejor quedarse al costado y orar. ¿Cómo resultaron esas situaciones y cómo podrían haber sido si usted no se hubiera inmiscuido?

3. ¿Cómo puede saber si sus sueños y ambiciones personales para sus hijos coinciden con la visión eterna y el propósito que Dios tiene para ellos? Si no son lo mismo, ¿qué "cambio de paradigma" tendría que ocurrir en su corazón de madre para que usted cambie esos sueños y ambiciones personales por la visión eterna que Dios tiene planeada para ellos?

"Los hombres son lo que sus madres hicieron de ellos."

—Ralph Waldo Emerson, escritor, filósofo

LA ORACIÓN DE UNA MADRE:

Padre Dios, gracias porque tú sabes lo que es mejor para mis hijos, y los hijos de otros por quienes oro, y los amas más de lo que yo nunca podría hacerlo. Gracias también porque puedo descansar sabiendo que tus planes para ellos son para bien y no para mal, para darles un futuro y una esperanza (vea Jeremías 29:11). Dame un corazón dispuesto a ceder mis sueños y ambiciones personales para mis hijos, Señor, y cámbialos por los propósitos y planes más grandes que tú tienes para ellos, sean los que sean. Ayúdame a recordar, Padre, que son tus hijos, y que tú me los has prestado por un corto tiempo, para que los ame y los críe para tu honra y gloria. Te lo pido en el maravilloso nombre de Jesús. Amén.

"¡Sólo Dios puede darle a una madre la sabiduría para callar, escuchar y no reaccionar cuando realmente quiere gritar y chillar!"

—Annetta Dellinger, escritora

"La maternidad cristiana no consiste en tener al hijo pegado a sus faldas. Es un enlace viviente al corazón de Dios."

—Charlotte Adelsperger y Karen Hayse, escritoras

Capítulo 13

Eunice y Loida: Saber pasar la antorcha

*A Timoteo, amado hijo: Gracia, misericordia y paz, de Dios Padre y de Jesucristo nuestro Señor. Doy gracias a Dios, al cual sirvo desde mis mayores con limpia conciencia, de que sin cesar me acuerdo de ti en mis oraciones noche y día; deseando verte, al acordarme de tus lágrimas, para llenarme de gozo; trayendo a la memoria **la fe no fingida que hay en ti, la cual habitó primero en tu abuela Loida, y en tu madre Eunice**, y estoy seguro que en ti también.*
—2 Timoteo 1:2–5 (énfasis añadido)

LECTURAS BÍBLICAS SUGERIDAS:
1 Samuel 1:28; Proverbios 4:11; 22:6; 23: 5; 1 Timoteo 6:20; 2 Timoteo 1:2–7; 3:10–17

AUNQUE NO FUI criada en un hogar cristiana, llegué a conocer a Jesús como mi Salvador cuando tenía veintitantos años y mis hijos todavía eran pequeños. A decir verdad, el menor recién nació al año siguiente, así que rápidamente aprendí qué importante era inculcarles la fe que los sostendría y guiaría durante todo el tiempo de su crecimiento y en la adultez. Sin embargo, también tenía que aprender que las palabras no son suficientes. No podemos limitarnos a decirles a nuestros hijos —o a cualquier otro, si quiere—cuánto nos ama Jesús y por qué es tan importante seguirlo; cada día tenemos que vivir nuestras palabras ante ellos. Esa tarea no sólo ha sido difícil, sino que he aprendido que es imposible

211

hacerla en mis propias fuerzas. Entonces, como ahora, sólo puedo ser un modelo de vida cristiana en la medida en que voy aprendiendo a depender del Espíritu de Cristo que vive dentro de mí.

Estoy completamente segura que ese es el modo en que Loida y Eunice fueron capaces de sentar un ejemplo piadoso para Timoteo. Además, fue la razón por la cual el apóstol Pablo pudo expresar tal confianza en la tarea que estas dos mujeres habían realizado para llevar y guiar con éxito a Timoteo a caminar como un firme creyente.

En verdad, sólo hay un versículo en toda la Biblia que menciona a Loida y Eunice por nombre. Indirectamente, hay muchos más que se refieren a ellas o ejemplifican sus rasgos piadosos. Segunda de Timoteo 1:5 es la referencia directa, escrita por el apóstol Pablo a su amado joven protegido, Timoteo: *"...trayendo a la memoria la fe no fingida que hay en ti, la cual habitó primero en tu abuela Loida, y en tu madre Eunice, y estoy seguro que en ti también".*

¿Hay otra madre o abuela que pueda esperar más?

¡Qué declaración tan fuerte! El apóstol no sólo expresó su completa confianza en el cristianismo de Timoteo, sino que también declaró su conocimiento de que Timoteo había llegado a ese punto de fe en Cristo a través de la influencia y las enseñanzas de sus piadosas madre y abuela. ¿Hay otra madre o abuela que pueda esperar un cumplido más significativo o un legado más duradero?

EDUCANDO A UN HIJO

Timoteo nació y creció en la ciudad de Listra en la provincia romana de Galacia. Aunque su madre era judía, su padre era griego y no tenemos ningún registro que muestre que su papá haya llegado a la fe en Jesús. Sin embargo, parece o que el padre de Timoteo murió cuando su hijo era muy pequeño, posiblemente todavía un bebé, o que los padres de Timoteo tenían una relación cariñosa y mutuamente respetuosa, en la que Eunice era libre de practicar y compartir su fe cristiana.

Tampoco sabemos por las Escrituras si Loida llegó primero a la fe y luego guió a su hija a Cristo, o si ambas recibieron a Jesús como Salvador al mismo tiempo. Sabemos que la palabra *abuela* es usada solamente una vez en el Nuevo Testamento, y es aquí, en 2 Timoteo 1:5, en la referencia a Loida. Como sea que hayan llegado a convertirse Loida y Eunice, es obvio que la suya era una fe fuerte y sincera, y que la vivieron activamente y lo pasaron a Timoteo a través de sus palabras y acciones. Timoteo, a su turno, debe haber tenido un profundo amor y respeto por su madre y abuela, y fue influido eternamente por ellas.

Si es verdad que el padre griego de Timoteo murió cuando él todavía era muy joven, como muchos creen, es también muy probable que Eunice haya hecho lo que las viudas jóvenes sin hijos adultos que las cuidaran hacían en aquellos días, y siguen haciendo hoy: salió y encontró alguna clase de trabajo para sostenerse ella, su hijo, y su madre, Loida, que vivía con ellos e indudablemente cuidaba a Timoteo en ausencia de Eunice. Eunice pudo haber trabajado en los campos, espigando como hizo Rut, o trabajar en alguna otra profesión, similar a las de las mujeres de negocios del Nuevo Testamento como Priscila o Lidia. Cualquiera haya sido el caso, es obvio que la abuela Loida y la madre Eunice compartieron un profundo amor entre sí y al pequeño Timoteo, haciendo lo necesario para cubrir sus necesidades físicas y lo que es más importante, sus necesidades espirituales.

Ése es realmente el significado de Proverbios 22:6, que las vidas de Loida y Eunice ejemplifican con claridad: *"Instruye al niño en su camino, y aun cuando fuere viejo no se apartará de él".*

¿Cuántas veces, como madres o abuelas, hemos orado y meditado en ese versículo, reclamando esa gran verdad y promesa para nuestros hijos o nietos, particularmente cuando se apartan de la fe? Sin embargo, la clave para verlo hecho realidad en las vidas de nuestros jóvenes, es que nosotras mismas lo hayamos vivido primero, tanto de palabra como de obra.

¡Cómo deben haber conocido y amado Loida y Eunice las Escrituras para ser capaces de inculcar ese mismo amor en Timoteo!

Y cómo deben haber amado reunirse con otros creyentes para oír predicar y enseñar esas Escrituras, tener comunión con otros de una fe semejante, y apoyarse una a la otra en esa fe, particularmente cuando se inició y se intensificó la persecución. No había manera de que estas dos mujeres pudieran haber sabido lo que esperaba al joven Timoteo, pero fueron obedientes a la Palabra de Dios para "educarlo" en el amor y la amonestación de las Escrituras, preparándolo para enfrentar fielmente cualquier cosa que pudiera sobrevenirle en los días por venir.

No hay mayor ocupación o propósito al cual nosotras, como madres, abuelas, o madres de la comunidad podamos dedicarnos, que educar apropiadamente a los pequeños que nos han sido confiados, enseñándoles y dándoles diario ejemplo de la única fe verdadera y de la manera en que debe ser vivida. Si hemos hecho eso, podemos estar seguras de que Dios honrará su Palabra y guiará a nuestros hijos y nietos en el servicio a Él.

PASAR LA ANTORCHA

Más allá de cuán bien enseñemos y demos ejemplo de vida cristiana a los pequeños, llega un momento en la vida de cada uno en que deben apropiarse ellos mismos de esa fe. En algunos ocurre cuando todavía son muy jóvenes, en otros, la promesa de Proverbios 22:6 no llega a concretarse durante muchos años, posiblemente hasta décadas.

Tal fue el caso de mi amado padre, Hans. Nacido en Alemania en 1911, era apenas un jovencito cuando su padre se marchó a pelear en el ejército del Kaiser. No pasó mucho hasta que las escasas raciones de comida obtenidas en colas que parecían interminables, y otras privaciones de la guerra, se llevaron la vida del hermano menor de Hans e hicieron que finalmente él mismo fuera a parar a un hospital del gobierno, donde fue tratado por el escorbuto. Mientras yacía en esa cama de hospital, abatido y desconsolado, su madrecita alemana, Jenny, se sentaba a su cabecera y le cantaba himnos. Eran canciones que hablaban del gran amor y la fidelidad de Dios,

Con esperanzas y sueños de una mejor vida que lo estimulara, Hans zarpó para Estados Unidos.

de la muerte de Jesús sobre la cruz, tanto como de su resurrección, y del cielo, donde Hans nunca volvería a estar hambriento o solo.

Por fin la guerra terminó, el padre de Hans volvió a casa, y sus condiciones de vida mejoraron un poco. Dos hermanos y una hermana se añadieron pronto a la familia. Cuando Hans, que era el mayor, cumplió los 18, llegó su hora de salir solo y empezar una nueva vida.

Con esperanzas y sueños de una vida mejor que lo estimulara, Hans zarpó para Estados Unidos, donde había oído que las calles estaban pavimentadas con oro y alguien podía hacerse rico si estaba lo suficientemente dispuesto a trabajar mucho. Desafortunadamente, cuando Hans puso los pies en su nuevo país, era 1929, y el colapso del mercado de valores destruyó sus sueños de amasar rápidamente una fortuna.

Viendo a otros en las colas de comida que había hecho en Alemania durante la Primera Guerra Mundial, Hans había decidido encontrar una manera de atravesar esta época de dificultad económica sin unirse a ellos. Encontró un trabajo como *vaquero* en un rancho ganadero, y aunque el trabajo era duro, las horas largas, y el sueldo pobre, sobrevivió.

Luego vino la Segunda Guerra Mundial. Como ciudadano de los EE.UU., Hans se unió al ejército y pronto se encontró luchando contra su patria, incluyendo a sus dos hermanos que habían sido arrastrados por la maquinaria de guerra nazi. Pero cuando la guerra llegó a su fin, Hans y su familia, con excepción de un hermano, habían sobrevivido e inmediatamente empezó a traerlos para reunirse en EE.UU.

Una vez más se reunió con su familia, incluida su mamita alemana, Jenny, que le había cantado himnos y hablado del gran amor de Dios durante todos sus años de infancia. Sin embargo, Hans había visto demasiada privación y experimentado demasiado dolor para aceptar esas enseñanzas y por tanto las rechazó rotundamente, declarando que no creía en Dios y que aunque existiera, no quería saber nada de Él.

Cuando Hans se casó y su esposa y tres hijos llegaron a la fe, Hans se siguió negando a creer, hasta la última semana de sus 88 años sobre esta tierra. Cuando su familia perdía las esperanzas de alcanzar a Hans con el mensaje amoroso del evangelio, él empezó a experimentar una serie de pequeños derrames cerebrales, cada uno de los cuales lo hacía retroceder algunos años más en su antigua vida. En cuestión de días, había vuelto a su infancia, hablando alemán y hasta cantando algunos de los himnos que su madre le había enseñado en su lengua materna ocho décadas antes.

Cuando yacía en su lecho de muerte, mirando fijamente a lo lejos algo que su familia no podía ver, el pastor que había llegado a visitarlo y orar con él le preguntó: "Hans, ahora conoces a Jesús, ¿no?".

Aunque Hans no podía responder verbalmente, su cara se iluminó y levantó la mano y señaló con el dedo hacia el cielo, asintiendo con su cabeza y sonriendo abiertamente de oreja a oreja. Días después, dio una última sonrisa de despedida a sus seres queridos y silenciosamente pasó a reunirse con su madre alrededor del trono de Aquel sobre quien ella le había enseñado hacía tantos años.

¡Qué Dios tan misericordioso es el que servimos, que honró las oraciones y enseñanzas de una madre, extendiendo la mano a un hombre de 88 años en su lecho de muerte y trayéndolo sin peligro al hogar! Pero ¡qué triste que Hans se haya perdido el placer de servir a Dios durante toda su vida!

Timoteo era todo lo contrario. Criado en la fe y viendo el modelo de su abuela y su madre —y sin duda siendo llevado a servicios de adoración donde oyó enseñar las Escrituras y tuvo comunión con otros creyentes—, Timoteo adolescente estaba "listo" para la conversión cuando el apóstol Pablo viajó a Listra aproximadamente en el año 46. Cuando Pablo le presentó a Timoteo el evangelio y lo invitó a recibir a Jesús, el adolescente respondió entregando su corazón y su vida a Cristo.

¿Puede imaginar usted el gozo que estalló en los corazones de esta madre y abuela fieles? Sus años de educarlo y darle ejemplo de vida piadosa habían valido la pena. Timoteo había asumido su fe como propia, haciéndola personal y real, y dándoles a Loida y Eunice la seguridad de ser salvo. No sólo Proverbios 22:6 sino también otros versículos, deben haber resonado en sus oídos:

- "Por el camino de la sabiduría te he encaminado, y por veredas derechas te he hecho andar" (Proverbios 4:11).
- "Alégrense tu padre y tu madre, y gócese la que te dio a luz" (Proverbios 23:25).

Esta madre y abuela fieles y piadosas le habían pasado exitosamente la antorcha, y sin duda oyeron al Señor susurrarles con amor: "Bien hecho, siervas buenas y fieles".

Soltando a Timoteo al ministerio

Luego, por supuesto, vino la parte difícil. Aunque los corazones de su madre y abuela se regocijaron con la salvación de Timoteo, también tuvieron que aceptar que su etapa de enseñanza y formación había terminado. Era tiempo de que Timoteo siguiera adelante, tiempo de asumir el manto del ministerio y cumplir el llamado de Dios para su vida.

...significa que muy bien pueden dejarnos cuando ingresan al área del servicio. Y eso duele.

¿Puede ser ésa una tarea fácil para cualquier mujer que haya amado y criado a un hijo? Por cierto que no. Aunque queremos verlos crecer hasta ser adultos responsables que aman y sirven a Dios con todo su corazón, sabemos que eso significa que muy bien pueden dejarnos cuando ingresan al área del servicio. Y eso duele. Pero ¿no es ese soltarlos para el servicio de Dios exactamente lo que quería decir Ana cuando declaró en 1 Samuel 1:28: *Yo, pues, lo dedico también a Jehová; todos los días que viva, será de Jehová*"?

Miremos hacia ella, mamás y abuelas, tiítas y otras. Es más fácil cuando están en casa, seguros bajo nuestro ojo atento y protegidos por nuestro amor y cuidado. Pero inevitablemente el tiempo pasa y de repente tenemos que soltarlos para que sigan adelante. ¿Será de asombrarse que nuestro corazón grite en protesta? Sin embargo, si hemos hecho nuestro trabajo, formando a nuestros pequeños en la manera en que deben andar, podemos confiar en que Dios, que los ama infinitamente más que nosotras, los llevará a través de todo lo que tiene planeado para ellos.

En el caso de Timoteo, Dios trajo a su vida al apóstol Pablo —y a Timoteo a la de Pablo— para llenar una necesidad de cada uno de ellos. Si estamos en lo cierto al suponer que por entonces el padre de Timoteo ya había muerto, Pablo se convirtió en la figura paterna que estaba faltando en la vida del joven. Y aunque el padre de Timoteo hubiera estado vivo, es muy probable que no fuera creyente, ya que en las Escrituras nunca se menciona su conversión, y por lo tanto Pablo cubrió ese rol que Timoteo aún necesitaba.

También Timoteo, por su parte, satisfacía una necesidad de Pablo. El apóstol nunca se casó o tuvo hijos propios, pero sabemos que se encariñó mucho con Timoteo. En 2 Timoteo 1:2-7, una de las cartas a Timoteo, escrita por Pablo mientras estaba en la cárcel por su testimonio cristiano, el apóstol deja muy en claro qué relación tan íntima tenían lo dos, y cómo había llegado a pensar en el joven Timoteo como su hijo en la fe:

> "A Timoteo, amado hijo: Gracia, misericordia y paz, de Dios Padre y de Jesucristo nuestro Señor. Doy gracias a Dios, al cual sirvo desde mis mayores con limpia conciencia, de que sin cesar me acuerdo de ti en mis oraciones noche y día; deseando verte, al acordarme de tus lágrimas, para llenarme de gozo; trayendo a la memoria la fe no fingida que hay en ti, la cual habitó primero en tu abuela Loida, y en tu madre Eunice, y estoy seguro que en ti también. Por lo cual te aconsejo que avives el fuego del don de Dios que está en ti por la imposición de mis manos. Porque no nos ha dado Dios espíritu de cobardía, sino de poder, de amor y de dominio propio".

Pablo no sólo había llegado a considerar a Timoteo como su hijo, también había asumido la responsabilidad de tutelar y apoyar al joven. Al parecer Timoteo habría sido un poco temeroso, lo que no es demasiado sorprendente cuando consideramos las condiciones en las que vivían en ese momento. Los cristianos estaban bajo una dura persecución, siendo a menudo torturados y martirizados por su fe. Timoteo había empezado su ministerio a temprana edad, así que no tenía muchos años de experiencia en su haber, y sin duda recibir las palabras alentadoras de su consejero espiritual y padre "adoptivo" era de gran ayuda para él.

Es también evidente que el apóstol Pablo tenía gran confianza en la fe de Timoteo, al menos en parte porque sabía que la fe de Loida y Eunice, que habían formado y nutrido al joven desde la infancia, era fuerte y genuina. Su concluyente admonición a Timoteo en la primera carta que le envió fue formulada como un recordatorio de lo que le había sido enseñado por su madre y abuela, y una advertencia para evitar las falsas enseñanzas de otros:

> *"Oh Timoteo, guarda lo que se te ha encomendado,*
> *evitando las profanas pláticas sobre cosas vanas, y*
> *los argumentos de la falsamente llamada ciencia,*
> *la cual profesando algunos, se desviaron de la fe.*
> *La gracia sea contigo. Amén".*
>
> —1 Timoteo 6:20-21

Pablo le estaba recordando a Timoteo que si se mantenía fiel a lo que sabía, a esas enseñanzas que le habían sido inculcadas por su madre y abuela durante los años en que estaba creciendo, no sería engañado. Podía confiar en que la verdad que estaba en él —la verdad de Dios, que primero le fue impartida por Loida y Eunice— lo guardaría seguro y en el camino correcto. Pablo sabía que Loida y Eunice habían enseñado a Timoteo cómo debía andar, y por consiguiente animó al joven a no apartarse de esa verdad.

Al parecer, Pablo también tenía confianza en que Timoteo prestaría atención a su consejo, pues el joven ya había demostrado ser fiel y cumplidor de las enseñanzas de su madre y abuela, tanto como de las de Pablo.

> *"Pero tú has seguido mi doctrina, conducta, propósito, fe, longanimidad, amor, paciencia, persecuciones, padecimientos, como los que me sobrevinieron en Antioquía, en Iconio, en Listra; persecuciones que he sufrido, y de todas me ha librado el Señor. Y también todos los que quieren vivir piadosamente en*

Cristo Jesús padecerán persecución; mas los malos hombres y los engañadores irán de mal en peor, engañando y siendo engañados. Pero persiste tú en lo que has aprendido y te persuadiste, sabiendo de quién has aprendido; y que desde la niñez has sabido las Sagradas Escrituras, las cuales te pueden hacer sabio para la salvación por la fe que es en Cristo Jesús. Toda la Escritura es inspirada por Dios, y útil para enseñar, para redargüir, para corregir, para instruir en justicia, a fin de que el hombre de Dios sea perfecto, enteramente preparado para toda buena obra."

—2 TIMOTEO 3:10-17

Timoteo había estado aprendiendo de su mentor, Pablo, y consecuentemente tomando modelo de su vida. Pablo quería que el joven Timoteo comprendiera que, así como lo había seguido fielmente en su doctrina, enseñanza y estilo de vida, también podría tener que seguirlo en los sufrimientos y pruebas. "Pero no te preocupes, le dice Pablo. Así como el Señor me sostuvo a través de todas las cosas que debí soportar, también lo hará contigo."

> *Él no le podía dar falsas esperanzas.*

Pablo sabía que Timoteo —y todos los creyentes— necesitaban escuchar este mensaje de estímulo. Como un fiel padre espiritual y líder, no le podía dar falsas esperanzas diciéndole que Dios lo protegería y no permitiría que Timoteo sufriera nunca, pero podía asegurarle que el mismo Dios que lo amó tanto como para morir por él también velaría por él través de cualquier prueba que pudiera enfrentar en el futuro.

"Todos los que quieren vivir piadosamente en Cristo Jesús padecerán persecución", le dijo Pablo dijo a Timoteo. Esa promesa ha resonado a través de los siglos, por todo el mundo, en los oídos de creyentes de todas partes. Los que viven en un ámbito donde son relativamente libres de practicar y declarar su fe pueden no haber experimentado nunca el tipo de persecución que los cristianos se han visto forzados a soportar en otros lugares y otras épocas. Por supuesto, podemos estar agradecidos por eso, pero no quiere decir que

no suframos persecución o acoso por nuestra fe de otras maneras. Ya sea el abandono de un ser querido que no comparte nuestras creencias, la pérdida de un trabajo o un ascenso, o las burlas del impío cuando tomamos una posición por lo que es justo, siempre hay un precio que pagar por ser cristiano. Tener el beneficio de haber sido enseñados cuando éramos jóvenes sobre la manera en que debemos andar, ciertamente nos ayudará cuando ocurran tales incidentes y la profundidad de nuestra fe sea probada.

¿Cuál, le dice Pablo a Timoteo, es la respuesta para permanecer firme cuando otros tratan de apartarnos del centro de nuestra fe? Las Santas Escrituras, la Biblia, la inmutable Palabra de Dios. Pablo le recuerda a Timoteo que él la ha conocido desde su infancia, cuando su madre y abuela fieles se la enseñaron y le dieron ejemplo de vida de esas Escrituras. *"Toda la Escritura, le dice Pablo a Timoteo, es inspirada por Dios, y útil para enseñar, para redargüir, para corregir, para instruir en justicia, a fin de que el hombre de Dios sea perfecto, enteramente preparado para toda buena obra"* (2 Timoteo 3:16-17).

Pablo quería que Timoteo comprendiera que todo cuanto pudiera necesitar para sostenerse firmemente en la fe, cumplir todo lo que Dios lo había llamado a hacer, estaba contenido en las Escrituras, en las inspiradas palabras e instrucciones de Dios. Es por esto que Pablo, en 2 Timoteo 2:15, exhortó a Timoteo a que diariamente leyera, estudiara y meditara sobre las Escrituras: *"Esfuérzate por presentarte a Dios aprobado, como obrero que no tiene de qué avergonzarse y que interpreta rectamente la palabra de verdad"*, (NVI).

Permaneciendo fiel a la Palabra de Dios, que la abuela y madre de Timoteo le habían enseñado y la cual Pablo lo había ayudado a comprender aún más claramente, y ahora le advertía que continuara estudiando, el joven ministro del evangelio podría mantenerse fiel a su llamado. Timoteo podía permanecer en el sendero recto, el camino que había sido educado a seguir desde sus primeros días, por dos mujeres que eran "siervas buenas y fieles" y que amaban a Timoteo lo bastante como para entregarlo al llamado de Dios para su vida.

Algo para meditar o escribir en su diario:

1. Haga una lista de todas las vidas jóvenes en las que usted influye con regularidad: hijos, nietos, sobrinos, hijos de amigos y vecinos, compañeros de clase o de exploradores de sus hijos, amigos de la iglesia. Pregúntese cómo les ha enseñado y los ha orientado con sus palabras y ejemplo de vida. ¿Cómo podría usted reforzar o mejorar su influencia en sus vidas?

2. Considere las oportunidades en que algunos de estos niños le han hecho comentarios a usted o a otros sobre su influencia en sus vidas. ¿Alguna vez quedó sorprendida por sus comentarios, no habiéndose dado cuenta de que efectivamente estaba influyendo en ellos de una manera u otra? ¿Cómo la hizo sentir eso? ¿Cómo piensa que su influencia podría tener impacto sobre sus vidas espirituales en el futuro?

3. ¿Alguna vez ha "adoptado" espiritualmente a una persona joven? Si es así, ¿cuáles fueron los efectos positivos (y posiblemente los negativos) de esa relación? Si todavía mantiene esa relación, ¿cómo va? ¿Ve las maneras en que podría mejorarla? Si la relación ha terminado, ¿tiene gratos recuerdos del tiempo que pasaron juntos? ¿Está contenta con la influencia que tuvo sobre la vida de esa persona joven? ¿Él o ella le ha expresado alguna vez lo que representaban en su vida su inversión de tiempo y orientación? ¿Alguna vez ha soltado a la persona joven a quien estaba tutelando para que siguiera adelante por alguna razón? ¿Cómo manejó usted esa situación?

> *"Cultivar un buen matrimonio prepara el*
> *camino hacia la crianza de un niño."*
>
> **—Elaine W. Miller, escritora**

ORACIÓN DE UNA MADRE:

Padre celestial, gracias por la increíble oportunidad y el privilegio que nos has dado de ministrar y tutelar a personas jóvenes, ya sean nuestros propios hijos y nietos, u otras personas. Gracias por el piadoso ejemplo que nos has dado en las Escrituras, de Loida y Eunice enseñando a Timoteo el camino por donde debía ir, y también del apóstol Pablo, quien voluntariamente caminó en la vida de Timoteo para tutelarlo y guiarlo. Ayúdanos, Señor, a seguir sus huellas y verter fielmente nuestras propias vidas en educar y tutelar a los que deben conocerte y cumplir tus propósitos para su vida. Padre, por favor, ayúdanos también a que, cuando llegue el tiempo, los soltemos para tu servicio; a que estemos dispuestos a dejarlos ir, aún cuando nos duela y nuestros corazones griten en protesta. Enséñanos a confiar en que tú, Señor, los llevarás a través de todas las pruebas y dolores que deban enfrentar, sabiendo que tú los amas más de lo que jamás podremos hacerlo. Lo pedimos, Señor, en el precioso nombre de Jesús. Amén.

"Amo a las mujeres que criaron a Timoteo, quizás porque Eunice y Loida me recuerdan a Donna y Goldie, mi madre y abuela. Mi abuela crió cinco hijas y un hijo con el óbolo de la viuda y luego, cuando su hijita, mi madre, se encontró divorciada y siendo una madre soltera, la volvió a tomar bajo su protección."

—Marilynn Griffith, escritora

"Mi madre era la mujer más hermosa que jamás haya visto. Todo cuanto soy se lo debo a mi madre. Atribuyo todo mi éxito en la vida a la educación moral, intelectual y física que recibí de ella."

—George Washington, presidente de los EE.UU.

CAPÍTULO 14

La mujer de Proverbios 31: Una mujer de todas las épocas

Se levantan sus hijos y la llaman bienaventurada; y su marido también la alaba: muchas mujeres hicieron el bien; mas tú sobrepasas a todas.
—Proverbios 31:28-29

LECTURAS BÍBLICAS SUGERIDAS:
Proverbios 31:1–31

UNO DE LOS problemas más grandes que tenemos como mujeres cuando leemos Proverbios 31 es el sentimiento de que nunca podemos estar a su altura. Esta mujer ideal y aparentemente perfecta no sólo es pura y piadosa, sino que también está dedicada a su familia y comunidad y a los que trabajan en ella, es exitosa en todo lo que emprende, y aparentemente incansable en sus esfuerzos de servir a todos y todo cuanto la rodea. Cuando leemos su entusiasta descripción en el capítulo 14 y luego nos miramos en el espejo, la inevitable comparación puede resultar bastante desalentadora.

No tiene por qué serlo. Cuando nos damos tiempo para revisar cuidadosamente la vida de esta mujer extraordinaria y empezar a comprender quién es realmente —o, por lo menos, a quién representa— podemos empezar a encontrar gran estímulo en tenerla como nuestro modelo de conducta. Con eso en mente, miremos desde más cerca a esta excepcional mujer virtuosa de Proverbios 31.

❖❖❖

Además de ser llamada "la mujer de Proverbios 31", ¡esta bien conocida persona de las Escrituras del Antiguo Testamento también es mencionada como "la mujer virtuosa", un título realmente encomiástico! La palabra *virtuosa*, por supuesto, significa la especial devoción y pureza de esta mujer, y es también la misma palabra que se usa para describir a Rut en Rut 3:11, cuando Booz, el hombre que un día llegaría a ser su marido, le dice: *"Ahora pues, no temas, hija mía; yo haré contigo lo que tú digas, pues toda la gente de mi pueblo sabe que eres mujer virtuosa"*.

Sin embargo, esta palabra elogiosa no denota sólo un alto patrón moral; también atribuye tanto a la mujer de Proverbios 31 como a Rut la moabita, la característica de tener "probadas capacidades". Como Sue y Larry Richards expusieron en *Women of the Bible* (Mujeres de la Biblia), *virtuosa* conlleva las notas de valor, nobleza, aristocracia. Cuando leamos por entero este familiar pasaje de la Escritura, veremos mencionar muchas veces en la vida de la mujer virtuosa ese atributo de sus capacidades probadas.

LA MUJER SIN NOMBRE

Las primeras veces que leí este capítulo especial, me preguntaba por qué esta mujer asombrosa había quedado anónima. ¿No le parece que alguien con todos esos atributos positivos y logros debería tener impreso su nombre para que todos lo vean?

Luego lo volví a pensar y me di cuenta de que, a causa de todas esas valiosas cualidades, pudiera ser que no sólo Dios hubiese decidido mantener su anonimato, sino que ella también lo hubiera escogido. Mantener la humildad cuando sus logros son tan numerosos y todos los están ensalzando y alabando puede ser difícil para cualquiera, incluso para la mujer de Proverbios 31. Quedar en el anonimato, en cambio, ayuda a preservar la humildad con esas cualidades que tanto nos impresionan como lectores.

Así que ¿quién era esta mujer desconocida de tan grande éxito y virtud? Este capítulo es el último del Libro de los Proverbios, y también se encuentra al final de un capítulo cuyo título y primeros versículos mencionan al rey Lemuel y su madre, provocando que nos preguntemos específicamente respecto a la identidad de este rey. No teniendo a nuestro alcance una respuesta satisfactoria para esa cuestión de la identidad del rey Lemuel, realmente no podemos sacar ninguna conclusión aplicable a la identidad de la mujer de Proverbios 31.

Se piensa que el rey Salomón habría escrito el libro de los Proverbios, y si es así, es posible que este capítulo en particular pueda referirse a su madre, Betsabé. En todo el libro de los Proverbios, y específicamente en los primeros versículos de Proverbios 31, encontramos frecuentes referencias que se leen como si un progenitor las estuviera dirigiendo y enseñando a un niño. Este capítulo particular, de hecho, comienza en un estilo que recuerda el de un manual de instrucciones de una madre a un hijo, cuyos primeros nueve versículos dicen al hijo cómo llevar una vida piadosa. Pasa luego, en los versículos 10 al 31, a decirle cómo hallar una esposa piadosa, lo cual implica que hacerlo es bueno y sabio, prestándose a la teoría de que Salomón escribió este particular proverbio en honor de su madre, quien sin ninguna duda lo instruyó en estos temas, aunque tristemente, como vemos en sus últimos años, él no siempre prestó atención a su consejo. Sin embargo, la mayoría de los eruditos modernos no acepta la teoría de que Proverbios 31 haya sido escrito por Salomón en honor de Betsabé. Así que otra vez, debemos especular y preguntarnos respecto a la identidad de la mujer virtuosa alabada en este proverbio.

Quizás la explicación más probable para el hecho de que una mujer tan prominente del Antiguo Testamento sea dejada en el anonimato es simplemente que es demasiado perfecta para ser una única persona, sino que se trata de un compuesto ideal de la perfecta esposa, madre y mujer de negocios. Ciertamente, ella expresa la mayoría de los rasgos admirables de otras mujeres del Antiguo Testamento, y sin embargo también tipifica lo que nosotras, como mujeres de estos tiempos modernos, querríamos reflejar en nuestras propias vidas.

La mujer de Proverbios 31 ha sido una admirada fuente de inspiración para mujeres a través de los siglos, en diversas culturas y estilos de vida, con sus cualidades atemporales y universales que atraen tanto a hombres como mujeres de todas las generaciones.

Los hombres especialmente descubren que Proverbios 31 es una guía provechosa para encontrar a su compañera ideal, como es bosquejada en los veintidós versículos finales de este capítulo. A decir verdad, en la lengua hebrea, cada sucesiva línea de estos veintidós versículos empieza con una letra que forma un acróstico, que a menudo ha sido llamado "El ABC de la esposa perfecta", dice Deen en su libro. Nuevamente, esta imagen de "esposa/ madre perfecta" o "mujer perfecta" puede ser alentadora... o intimidante, dependiendo de cómo comprendamos quién es esta mujer de Proverbios 31 —y cómo ella podría, o no, relacionarse de manera realista con el resto de nosotras, las "no-demasiado-perfectas" esposas, madres y mujeres.

Sus cualidades atemporales y universales resultan atractivas para hombres y mujeres de todas las generaciones.

La "Mujertípica"

Una de las cosas que hacen tan excepcional a esta mujer de Proverbios 31 es su atractivo atemporal y universal. A pesar de la incierta identidad de esta mujer virtuosa, muchos consideran que es la descripción literaria más perfecta de la mujer ideal, y que esta mujer ideal vivió posiblemente —o fue retratada como habiendo vivido— en la cultura oriental, hebrea, hace más de 2,000 años. Y aunque esperaríamos encontrar que un retrato de la vida de tal mujer en esa época y lugar, la reflejara como seriamente restringida por el dominio masculino de su tiempo, en realidad vemos que lo contrario es verdadero —al menos, en su caso. Las palabras y atributos que mejor describen a esta mujer incluyen su generosidad, eficiencia, sabiduría, sinceridad, pureza, santidad y, por supuesto, su amor por su marido, sus hijos, y otros más allá de su familia inmediata.

Los veintidós versículos finales de este último capítulo de Proverbios plantean tanto una pregunta como una declaración: *"Mujer virtuosa, ¿quién la hallará? Su valor sobrepasa largamente al de las piedras preciosas"* (Proverbios 31:10, RV95). Esta pregunta fija el tono para los siguientes veintiún versículos, mientras que la declaración nos dice que el autor de estos versículos —y, en última instancia,

Dios mismo, ya que Él es el Autor de las Escrituras de principio a fin— tienen una estima alta por una esposa virtuosa, declarando que su valor *"sobrepasa largamente al de las piedras preciosas"*. En esencia, el autor está diciendo que una esposa virtuosa no tiene precio.

Aunque los versículos que siguen a esta pregunta y declaración tienden a describir a una mujer de estatus social y económico relativamente alto y, por lo tanto, pueden no reflejar la existencia diaria o actividades cotidianas de la mujer promedio de esa cultura y época, los principios generales resultan aplicables no sólo a mujeres de ese tiempo en particular sino también a mujeres de todas las épocas y culturas.

La mujer de Proverbios 31 es, en esencia, la Mujertípica, el arquetipo de lo que a cada marido le encantaría tener como esposa y de lo que cada esposa querría ser como mujer exitosa. El problema es que al estudiar un modelo de Mujertípica, es fácil caer en la trampa de pensar que nunca podremos estar a su altura. Pero como cada una de nosotras es solamente una mujer y no muchas o todas las mujeres, indudablemente sacaremos más provecho de este estudio si lo abordamos desde el ángulo de que ningún ser humano puede contener, exhibir o alcanzar todas esas cualidades y logros. Bajo esa luz, revisemos estos versículos relativos a las características de la mujer virtuosa y veamos si los podemos comprender mejor y ponerlos en la perspectiva correcta, así no nos parecerán tan intimidantes o abrumadores.

> *"Mujer virtuosa, ¿quién la hallará? Su valor sobrepasa largamente al de las piedras preciosas. El corazón de su marido confía en ella y no carecerá de ganancias. De ella recibe el bien y no el mal todos los días de su vida."*
> —PROVERBIOS 31:10-12

Estos versículos nos dicen que esta Mujertípica no sólo es virtuosa y de un valor incalculable, sino también digna de confianza y honorable, alguien que dedica su vida a hacer lo bueno y no lo malo. La bondad es su estilo de vida, que fluye de un corazón bueno y puro.

Los siete versículos siguientes puntualizan el tipo de trabajadora que es:

> "*Va en busca de lana y lino, y con placer realiza labores manuales. Cual si fuera un barco mercante, trae de muy lejos sus provisiones. Antes de amanecer se levanta y da de comer a sus hijos y a sus criadas. Inspecciona un terreno y lo compra, y con sus ganancias planta viñedos. Se reviste de fortaleza y con ánimo se dispone a trabajar. Cuida de que el negocio marche bien, y de noche trabaja hasta tarde. Con sus propias manos hace hilados y tejidos*".
> —Proverbios 31:13-19, DHH

¡La mujer de Proverbios 31 ciertamente no es manca! De acuerdo con estos versículos, busca activamente el trabajo que debe hacerse, y luego se lanza voluntariamente a hacer lo que haga falta para verlo cumplido. Si la provisión que su familia necesita no está disponible, va a donde debe obtenerla, empezando el día tan temprano como sea necesario para terminar sus tareas. No sólo hace esto para su familia, sino también para sus criadas. La mayoría de nosotras no nos identificamos con tener criadas, pero este principio de cuidar a otros —sean empleados o amigos o vecinos— ciertamente se aplica a todos los niveles.

Esta Mujertípica también procede con sabiduría en sus inversiones, tomando sabias decisiones de negocios y ayudando a obtener la ganancia necesaria para sostener a la familia. "*Se reviste de fortaleza y con ánimo se dispone a trabajar*", queriendo decir que se mantiene en tan buena salud y estado físico como le es posible para poder llevar a cabo sus muchos deberes. Y aunque es una mujer de medios financieros con criados propios, trabaja activamente junto a ellos donde sea necesario para ver que el trabajo se haga correctamente y a tiempo, y que los artículos que se producen sean de la más alta calidad. Muy obviamente, además de ser una fiel esposa y madre, la mujer virtuosa de Proverbios 31 es también una mujer de negocios sabia y respetable.

"Alarga su mano al pobre, y extiende sus manos al menesteroso. No tiene temor de la nieve por su familia, porque toda su familia está vestida de ropas dobles."
—PROVERBIOS 31:20-22

Estos tres versículos nos muestran que esta mujer, aunque es bastante adinerada, tiene una honda preocupación por los que tienen menos, y usa sus medios financieros para ayudarlos de cualquier manera en que pueda hacerlo. Su sensibilidad hacia los pobres se refleja en sus acciones y da ejemplo a su familia, particularmente a sus hijos, de modo que ellos puedan crecer apreciando su posición financiera y social y desarrollando también corazones sensibles y generosos. Esta mujer sabia y virtuosa también se asegura que no sólo ella sino también toda su casa —miembros de la familia y criados— esté apropiadamente vestida, cualquiera sea el clima.

"Su esposo es respetado en la comunidad; ocupa un puesto entre las autoridades del lugar."
—PROVERBIOS 31:23, NVI

Aquí vemos que incluso en una época y cultura patriarcales, la mujer de Proverbios 31 no sólo es conocida como la esposa de su marido, sino que también él es conocido y respetado por los ancianos y otros hombres de la comunidad como el marido de esta esposa virtuosa. El marido de Proverbios 31 puede sostener su cabeza en alto porque sabe que tiene en casa una esposa piadosa, que atiende las muchas funciones requeridas para hacer funcionar exitosamente una familia.

"Confecciona ropa de lino y la vende; provee cinturones a los comerciantes."
—PROVERBIOS 31:24, NVI

Este versículo concuerda con el 16, que dice: *"Calcula el valor de un campo y lo compra; con sus ganancias planta un viñedo"* (NVI)- Si hubiera habido alguna duda de que esta mujer de Proverbios 31 era una sabia y prospera mujer de negocios por derecho propio, estos dos versículos disipan esa duda, confirmando que no sólo trabaja mucho para proporcionar artículos bien hechos, sino que mientras lo hace obtiene cierta ganancia y luego usa esa ganancia para reinvertir en otras empresas.

> *"Se reviste de fuerza y dignidad, y afronta segura el porvenir. Cuando habla, lo hace con sabiduría; cuando instruye, lo hace con amor. Está atenta a la marcha de su hogar, y el pan que come no es fruto del ocio."*
> —Proverbios 31:25-27, NVI

Estos versículos muestran claramente que una mujer virtuosa es honrada, no sólo por el trabajo que hace sino también por la sabiduría con que colabora con quienes viven en su casa, sean marido, hijos o criados. Sensible a las cosas que pasan a su alrededor, esta mujer sabia ofrece consejo cariñoso a todos los que estén deseosos de escucharlo y sean lo suficientemente sabios para aplicarlo.

> *"Sus hijos se levantan y la felicitan; también su esposo la alaba: 'Muchas mujeres han realizado proezas, pero tú las superas a todas'. Engañoso es el encanto y pasajera la belleza; la mujer que teme al Señor es digna de alabanza. ¡Sean reconocidos sus logros, y públicamente alabadas sus obras!"*
> —Proverbios 31:28-31, NVI

Ah, aquí lo tenemos, lo mejor de todo, la recompensa de la mujer de Proverbios 31 por ser tal esposa fiel y virtuosa, madre y mujer de negocios: su marido e hijos se levantan cuando entra en la habitación y declaran que es más bendita y valiosa que cualquier otra mujer que conocen. ¿Qué dan como razón para tal proclamación? Realmente se debe a los muchos atributos y logros de los que acabamos de hablar, pero su razón específica es esta: *"La mujer que teme al Señor es digna de alabanza"*.

¿Por qué su familia haría tal declaración? Proverbios 9:10 responde a los que preguntan de esta manera: *"El temor de Jehová es el principio de la sabiduría, y el conocimiento del Santísimo es la inteligencia"*. Hemos visto

Ah, aquí lo tenemos, lo mejor de todo.

en nuestra revisión general versículo a versículo de este capítulo de Proverbios que esta mujer virtuosa ejerció gran sabiduría y entendimiento en todas las áreas de su vida; su familia lo reconoció y la honró por eso, diciendo que tal sabiduría y entendimiento solamente podían venir de alguien que tiene temor —honra, ama y respeta— al Señor. ¡Indudablemente esta asombrosa Mujertípica cumple eso a la perfección!

La mujer estacional

Comprender que esta "mujer perfecta" es más un compuesto de muchas mujeres, que un retrato de una, hace que mirarnos en el espejo y buscar su reflejo sea mucho menos desalentador. Y sin embargo, todavía podemos encontrarnos con graves deficiencias en la comparación si no tenemos cuidado de recordar un punto muy importante: ¡Ni siquiera la más devota esposa, mujer, madre, o mujer de negocios puede hacerlo todo, y menos de una sola vez! A decir verdad, Dios nunca dispuso que fuera así y no tuvo la intención de que nosotras lo intentáramos.

Todas tenemos épocas en nuestras vidas, y bien podemos encontrarnos en estaciones diferentes de las de aquellas con quienes nos comparamos y particularmente cuando la comparación es con la mujer de Proverbios 31. Recuerde, esta mujer tenía medios financieros que muchas de nosotras no poseemos. Tenía criados, así que no debe haber tenido que hacer todas las camas por la mañana o preparar el desayuno para los niños antes de que salieran para la escuela o regar las plantas o sacar la basura o recordar echar algo en la olla para que se cociera lentamente antes de partir como un rayo hacia su trabajo. Y muy posiblemente, aunque tenía niños en casa, es muy probable que fueran más crecidos que un bebé o un niño de preescolar. Si no lo fueran, podría haber tenido una niñera para que la ayudara a cuidarlos. Si fueran adolescentes, aunque necesitaran un elevador para practicar andar en camello o ir a un recital de shofar, el servicio doméstico podría haber incluido a un chofer de tiempo completo para tales eventos que consumían mucho tiempo.

La vida es ocupada y todos quedamos envueltos en ella. Viviendo en una sociedad de "Jálese usted mismo de las orejas", "Puedo hacerlo yo mismo", "Mayor cantidad es mejor", "El tiempo es dinero", es fácil llegar a engañarse pensando que tenemos que "hacerlo todo" y "serlo todo" constantemente y a toda costa, cuando en realidad, una vida exitosa consiste más bien en asignar prioridades oportunas y tomar decisiones sabias.

Personalmente, estoy en una etapa de mi propia vida en que tengo un poco más de libertad que cuando mis hijos eran pequeños, y con todo no tanta libertad como tenía hace algunos años, después de que mis hijos se fueran de casa para empezar sus propias vidas. Vea, mi madre, que tiene ochentaitantos años, vive ahora con nosotros, y aunque su mente es aguda y clara, su cuerpo ya no puede hacer muchas de las tareas diarias que antes hacía con mucha facilidad. Por tanto, he decidido hacer gran parte de las tareas por ella. Cuando las sábanas de su cama necesitan ser cambiadas o su ropa sucia necesita lavarse, me pongo el sombrero de mucama. Cuando tiene cita con un médico, cambio al sombrero de chofer. Cuando está hambrienta, me pongo el delantal de cocinera. Es sencillamente la etapa de la vida en la que estoy actualmente.

Una vida exitosa consiste más bien en asignar prioridades oportunas y tomar decisiones sabias.

Hace décadas, en cambio, estaba en una etapa muy diferente, una en la que mi madre hizo todas esas cosas para mí mientras yo la miraba y aprendía a servir a otros. Como ocurrió en mi vida, las estaciones cambian y con esos cambios vienen cambios en las responsabilidades. Esta temporada en la que estoy ahora también cambiará un día y me regocijaré de saber que mi querida madre estará finalmente en casa con el Salvador a quien ha amado por tantos años. Aunque volveré a tener más libertad para continuar otras cosas, nuestra casa será un lugar más silencioso y solitario.

Sé que no puedo hacerlo, pero creo que si tuviera oportunidad de preguntarle a esta mujer virtuosa de Proverbios 31 cómo manejar las cambiantes estaciones de la vida con gracia y sabiduría —algo que obviamente ella sabía hacer muy bien— me respondería algo así: "Disminuya la velocidad. Disfrute la estación en la que está, y deje de tratar de correr hacia la próxima, porque ella llegará bastante rápido. Y en cuanto la próxima estación esté aquí, la anterior habrá desaparecido para siempre, convirtiéndose en un recuerdo que usted no querrá lamentarse de no haber apreciado cuando tuvo oportunidad de hacerlo".

Una amiga mía desde hace mucho tiempo, a quien llamaré Susie, tenía un hijo llamado Jonathan. Jonathan era un muchachito adorable, pero tan bravucón y activo y enérgico como puede serlo un niño pequeño. Cuando Susie se casó a los 25 años y poco después quedó embarazada, ella y su marido, Tom, tomaron la decisión de que debía dejar su carrera, por lo menos por un tiempo, y dedicarse por completo a la maternidad. Susie solía decirme que aunque no lamentaba esa decisión, había ocasiones en que extrañaba desesperadamente su trabajo y añoraba el día en que podría retomarlo.

> *Aprecia la etapa en la cual estás, sea la que fuere.*

Un día, Tom había llevado a Jonathan a dar un paseo, cuando un conductor ebrio se adelantó en una luz roja y se estrelló contra el automóvil en el que viajaban Tom y Jonathan. Aunque el conductor ebrio se fue sin un rasguño, Tom y Jonathan murieron instantáneamente. En sólo un momento, Susie no sólo perdió toda su familia, sino que esa especial etapa de su vida le fue arrancada para siempre y ella fue lanzada hacia una nueva temporada, una que parecía caracterizada por tormentas y dolor.

No mucho después de ese trágico suceso, Susie me dijo que había vuelto a trabajar en su carrera a tiempo completo e incluso más. Aunque le estaba yendo bien, admitió que lo dejaría gustosamente para volver a la etapa previa de su vida, cuando se quedaba en el hogar y cuidaba de sus preciosos esposo e hijo.

"No desperdicies tu vida, me advirtió. Aprecia la etapa en la cual estás, sea lo que fuere que Dios te haya dado para hacer. Y hazlo de todo corazón mientras puedas hacerlo. Nunca sabes cuándo podría cambiar tu estación, y luego no podrás recuperarla."

Hace muchos años hubo una película titulada *A Man for All Seasons* (Un hombre para dos reinos). No recuerdo nada de la película misma, pero sé que la premisa del título es falsa. Ningún hombre —o mujer— puede vivir en todas las estaciones simultáneamente. Pero

Dios puede y lo hace. Saberlo nos permite dar un profundo suspiro de alivio, dejar de vivir lamentándonos, de mirar fijamente el espejo y ver una gran "F" de fracaso estampada en nuestra frente porque pensábamos que no dábamos la medida de la virtuosa Mujertípica de Proverbios 31. Permite que nos demos cuenta de que todo cuanto debemos hacer es ser fieles hoy, en la etapa y las circunstancias de la vida donde Dios nos ha colocado. Cuando lo hacemos, podemos confiar en que los otros se levantarán y nos llamarán benditas, y dirán de nosotras: *"Muchas mujeres hicieron el bien; mas tú sobrepasas a todas"* (Proverbios 31:29).

"A veces, me pregunto qué clase de legado les estoy dejando a mis hijos. Tengo la esperanza de que en mi epitafio se leerá algo como: 'Odiaba doblar la ropa recién lavada, pero le gustaba estrecharnos entre sus brazos'."

—Dena Dyer, escritora

Algo para meditar o anotar en su diario:

1. ¿Alguna vez se encontró atrapada en el "juego de las comparaciones", mirando a otras y numerando sus muchos atributos mientras perdía las esperanzas de ser capaz de alcanzarlos? ¿Cómo la hizo sentir eso? Sabiendo lo que ahora sabe sobre la mujer de Proverbios 31, ¿qué puede hacer para no recaer en esa trampa?

2. ¿Quiénes son algunas de las mujeres que son o han sido modelos a imitar en su vida, y qué es lo que de ellas la afectó tan positivamente? Haga una lista de los atributos que la atrajeron, y luego pregúntese sinceramente cuáles de esos atributos ha sido capaz de asimilar en su vida. ¿Cuáles de esos atributos ha asimilado? ¿Por qué piensa que fue así? ¿Hay algo que usted pueda hacer para remediarlo, o será posible que Dios la haya diseñado de manera diferente y no espere que usted tenga algunas de las características de las mujeres que han sido sus modelos a imitar?

3. Considere ahora esas mismas mujeres a quienes a lo largo de los años usted ha observado como modelos de conducta, y haga una lista de los logros de ellas. ¿Cómo se sintió cuando repasó esa lista? ¿Es alentador e inspirador ver las cosas que han hecho y luego aspirar a hacer otras similares? ¿O le resulta abrumador porque siente que usted nunca podría lograr algo ni siquiera cercano a lo que han hecho? ¿Acaso podría poner en mejor perspectiva esta imagen de "mujer ideal" si desglosa esos logros en las diversas etapas de la vida?

"Mi madre, sus cuatro hermanas y mi abuela me llevaron a la iglesia, me forzaron a subir a la plataforma para que recitara los versículos que hoy me confortan, y sobre todo, me mostraron qué representaba ser las manos y el corazón de Jesús para otra persona."

—Marilynn Griffith, escritora

ORACIÓN DE UNA MADRE:

Padre, ayúdame a ver a esta mujer virtuosa de Proverbios 31 a través de tus ojos, desde tu perspectiva y punto de vista, desde tu visión atemporal del panorama total de nuestras vidas. Ayúdame a que aspire a todo lo que tú planeaste para mí, pero en su tiempo y para tu gloria y siempre recordando claramente que no puedo obtener nada en mis propias fuerzas.

Señor, mientras transcurren mis días, viviendo a través de las diversas temporadas que has preparado para mí, ayúdame a recordar que otros me están mirando, me consideran un modelo a imitar, aspiran a llegar a ser como yo. Padre, esa idea me humilla y quiero ser un modelo respetable a imitar. Recuérdame a diario, Señor, que yo sólo podré cumplir ese llamado mientras confíe en ti y dependa de ti en cada paso del camino. Nunca podré llegar a ser esa Mujertípica de Proverbios 31, pero puedo llegar a ser lo que tú me has llamado a ser y para lo cual me has dotado en la medida en que aprendo a seguirte fielmente. En el nombre de Jesús. Amén.

"Creía que lo que fuera de mis hijos dependía totalmente de mí. Por lo tanto, solamente yo tenía la total y abrumadora responsabilidad de moldearlos y formarlos. Era un torbellino, trabajando constantemente, yendo, sin parar, yendo, yendo, yendo, haciendo, haciendo, haciendo. Ahora me centro más en el ser. Quién estoy siendo para mis hijos, no lo que estoy haciendo por ellos."

—Laura Greiner, escritora

"El corazón de la madre es el aula del hijo."

—Henry Ward Beecher, clérigo, abolicionista

CAPÍTULO 15

María: Única en su clase

Entonces María dijo: "He aquí la sierva del Señor; hágase conmigo conforme a tu palabra."
—Lucas 1:38

LECTURAS BÍBLICAS SUGERIDAS:
Mateo 1; 2; 12:46-50; 13:55; Marcos 3:31-35; Lucas 1; 2; 8:19-20; Juan 2:1-11; 7:5; 19:25-27; Hechos 1:14

AUNQUE LA MAYORÍA de las madres pensaría que nunca podría identificarse con esta joven virgen muy especial que concibió un Niño por el Espíritu Santo y trajo la redención de Dios a la tierra en forma de su Hijo, Jesús, podemos tener mucho más en común con María de lo que podríamos imaginar. Dios llamó a María para que pusiera su propia vida para producir la vida divina, una vida por la que sería dado el perdón de los pecados para todo el que se arrepintiera y se volviera a Él. A menudo Dios nos llama, como madres, para que dejemos de lado nuestros propios sueños y deseos y criemos jóvenes vidas para Él, vidas que irán y ayudarán a traer el mensaje de remisión de pecados a los habitantes de un mundo perdido y moribundo.

Como María "guardó en su corazón" las muchas cosas que Dios le habló respecto a su Hijo amado, así nosotras, como madres estamos llamadas a hacer lo mismo. Y así, también, como María permitió que Jesús fuera concebido y creciera dentro de ella hasta que nació en el mundo, debemos permitir que el Espíritu de Dios traiga vida en y a través de nosotras. Se trata de llegar a ese punto de fe en que podemos decir, sin mirar a las circunstancias o a su posible resultado, *"hágase conmigo conforme a tu palabra"*.

Única en su clase. ¿Habrá habido alguna vez una mujer a la cual esas palabras le fueran aplicables más acertadamente? No lo creo. Y no fue la belleza de María o su estatus social, ni siquiera su virginidad y pureza, lo que la puso aparte en esa clase especial; fue el hecho de que el Dios de Israel —en su soberanía— la eligió para traer a su Hijo a la tierra y su fe y sumisión a Dios permitieron que así fuera.

¿Podría María haber decidido no acceder al plan de Dios para su vida, ceder ante el miedo y la duda en lugar de la fe? Por supuesto que podía. Dios nos ha dado a todos una voluntad libre, y eso significa que podemos escoger acceder al plan de Dios para nuestras vidas, o no. Si María le hubiera dicho que no a Dios, Él ciertamente podría haber usado a otra virgen para que diera a luz a su Hijo. Nuestra desobediencia o falta de fe no frustra los planes de Dios. Sin embargo, Dios conocía el corazón de María antes de enviarle al ángel Gabriel para que le hablara y por tanto el resultado era seguro. Un estudio de la vida y la fe de esta madre tan especial puede ayudar al resto de nosotras a encontrar ese lugar de seguridad y cumplir los propósitos de Dios en nuestras propias vidas, tanto como en las vidas de los niños en los que influyamos.

UNA BONITA NIÑA JUDÍA

No tenemos que ser mamás judías para esperar y rogar que nuestros pequeños crezcan para casarse con cónyuges piadosos y establecer hogares piadosos, pero podemos identificarnos con esas mamás judías, ¿verdad? José era, indudablemente, algo mayor que su prometida, porque probablemente María era una adolescente cuando el ángel Gabriel se le apareció. Pero no nos sorprendería descubrir que la mamá judía de José había rogado que su hijo creciera y un día se casara con "una bonita niña judía". Y así lo hizo. A decir verdad, probablemente entre las niñas judías —y todas las otras niñas— no haya habido nadie más bonita, o más pura o casta o humilde, que María de Nazaret. Así que, estoy segura, tanto la familia de María como la de José se regocijaron cuando la pareja se comprometió.

Ahora bien, en aquellos días un compromiso era mucho más formal y vinculante de lo que son en la sociedad actual, inconstante y cuestionadora de las responsabilidades. Los compromisos, o esponsales, normalmente duraban un año, y rara vez se quebraban. En el caso infrecuente de que un compromiso se rompiera, era un asunto serio y solamente podía ser instigado por el futuro marido. Las mujeres no podían terminar un compromiso, ni presentar una demanda de divorcio después de que el casamiento estuviera consumado. Una vez que habían dado su consentimiento para la unión, no tenían más voz en el tema.

Las mujeres, a decir verdad, tenían poca voz en muchos asuntos cotidianos, pero estaban sujetas a una muy estricta rendición de cuentas en lo relativo a la pureza moral. El precio por no alcanzar ese estándar podía resultar en la muerte por apedreamiento. El adulterio ciertamente caía en esa categoría de fracaso moral.

Cuando el ángel Gabriel apareció a María en Lucas 1:26-38, la primera reacción registrada de la joven es que *"se turbó por sus palabras, y pensaba qué salutación sería esta"* (Lucas 1:29). ¿Qué dijo el ángel que turbó a María? ¡El ángel la había saludado con las palabras: *"¡Salve, muy favorecida! El Señor es contigo; bendita tú entre las mujeres"!* (Lucas 1:28). María no estaba necesariamente impresionada por ver a un ángel, pues había sido criada en la estricta interpretación de las Escrituras hebreas, que incluían la creencia en ángeles y demonios. Lo que la asustó no fue solamente el hecho de que un ser tal viniera a la Tierra para visitarla, sino que también se dirigiera a ella como *"muy favorecida"* y *"bendita... entre las mujeres"*.

María tenía un corazón humilde. Esa cualidad, más que ninguna otra, la hizo candidata a este honor impresionante. No respondió al anuncio del ángel con orgullo por haber sido escogida, sino más bien con una humildad que reconocía sus propias limitaciones e impedimentos para tal privilegio. Pero, como vemos en los siguientes versículos, además de un corazón humilde, María tenía una fe inquebrantable, no en sí misma, sino en el Dios de Israel.

Incluso cuando el ángel pasó a decirle en el versículo 31: *"Concebirás en tu vientre y darás a luz un hijo, y llamarás su nombre Jesús"*, ella no dudó de Dios. Sólo preguntó por curiosidad: *"¿Cómo será esto?, pues no conozco varón"* (Lucas 1:34).

María estaba usando la palabra *conocer* en el sentido bíblico, queriendo decir que no había tenido intimidad sexual con ningún hombre, era virgen. Su pregunta respecto a cómo se cumpliría esta palabra del Señor era por lo tanto lógica y el ángel no la reprendió por hacerla. En cambio le respondió de esta manera:

> *"El Espíritu Santo vendrá sobre ti y el poder del Altí-*
> *simo te cubrirá con su sombra; por lo cual también*
> *el Santo Ser que va a nacer será llamado Hijo de*
> *Dios… pues nada hay imposible para Dios"*.
> —LUCAS 1:35, 37

Esa respuesta satisfizo la curiosidad de María, y aunque implicaba someterse a muchos problemas y contrariedades, incluyendo una posible sentencia de muerte, respondió con la impactante declaración de fe que hallamos en el versículo 38: *"Aquí está la sierva del Señor; hágase conmigo conforme a tu palabra"*.

Habiendo cumplido su misión divina, Gabriel partió, dejando a María para cumplir la suya.

El primer obstáculo para María era darle la noticia a su amado José, lo que obviamente hizo porque Mateo 1:19 deja en claro que José estaba consciente de la condición de María. El versículo nos dice que *"José, su marido, como era justo y no quería infamarla, quiso dejarla secretamente"*. Ahora bien, aunque el versículo se refiere a José como el marido legal de María, ellos todavía no habían consumado su casamiento. De acuerdo con la costumbre judía, estaban todavía en la etapa de esponsales de su relación, pero la permanencia del compromiso era tan segura como si los votos finales hubieran sido recitados. Por esa razón, José ya era mencionado como el "marido" de María. Tan seguramente

¡Qué situación tan dolorosa debe haber sido! José había estado tan seguro de que era una virgen casta.

como si ya hubieran consumado su unión y estuvieran viviendo juntos bajo el mismo techo, José tenía derecho a esperar que María le fuera fiel y a exigir justicia si no lo fuera. Como José sabía que no había tenido intimidad con María, la única suposición natural era concluir que otra persona lo había hecho.

¡Qué situación tan dolorosa debe haber sido! Esta joven mujer, de quien José había estado tan seguro de que era una virgen casta, aparentemente lo había traicionado con otro hombre. Su corazón se habrá roto, y el de María también, cuando ella trató de convencer al hombre que amaba de que aunque estaba embarazada, no le había sido infiel.

Evidentemente, José no creyó de inmediato en la increíble explicación de María, y supo que no podía seguir adelante con el casamiento. Aunque abatido por lo que percibía como infidelidad y engaño de María, no quería deshonrarla arrastrándola ante las autoridades religiosas y arriesgarla a que muriera lapidada. En cambio, Mateo 1:19 nos dice que *"José, su marido, que era un hombre justo y no quería denunciar públicamente a María, decidió separarse de ella en secreto"* (DHH). José era un hombre justo y de una alta moralidad y no podía pasar por alto lo que María había hecho, pero era también un hombre compasivo y tierno que no quería exponer su pecado y acarrearle lo que muy posiblemente podía terminar en una sentencia de muerte. Así que buscó una manera de *"separarse de ella en secreto"*.

Fue cuando Dios intervino y envió a un ángel que le apareciera a José en un sueño y le asegurase que lo que María le había dicho respecto a la concepción del bebé que gestaba era verdad.

> *"José, hijo de David, no temas recibir a María tu mujer, porque lo que en ella es engendrado, del Espíritu Santo es. Dará a luz un hijo, y le pondrás por nombre Jesús, porque él salvará a su pueblo de sus pecados."*
>
> —MATEO 1:20-21

El ángel no sólo le dijo a José que siguiera adelante con sus planes de boda porque María no le había sido infiel, sino que también le dijo que el bebé que crecía dentro de ella había sido concebido por el Espíritu Santo y su nombre iba a ser Jesús, o *Yeshua*, que significa "la salvación del Señor". Era importante que José supiera el nombre que Dios había escogido para su Hijo único porque José, quien serviría en la función de padre terrenal de Jesús, de acuerdo con la costumbre de la época, sería el único que podía poner nombre al niño después que naciera.

El escenario estaba listo. Las Escrituras no nos dan muchos detalles específicos sobre cómo reaccionó la comunidad frente al embarazo de María, pero indudablemente algunos de ellos miraron con recelo tanto a María como a José, naturalmente supusieron que ambos habían concebido al bebé antes del tiempo aceptado para consumar su casamiento. Sin embargo, como José siguió adelante con el matrimonio, las vidas de María y de su muy preciado Bebé fueron preservadas.

UNA DEVOTA MADRE JUDÍA

Uno de los mejor conocidos y más amados pasajes de toda la Escritura se encuentra en Lucas 1, después de la visita del ángel Gabriel a María, cuando esta joven judía deja Nazaret y va a la montaña, a una ciudad de Judá, para ver a Elisabet, su prima mayor y el marido de ella Zacarías. Parte de la declaración que el ángel había hecho a María incluía la noticia de que su prima Elisabet, antes estéril, estaba ahora embarazada, lo que probablemente fuera la razón de que María fuera *"de prisa"* (vea Lucas 1:39) a verla. La razón puede haber sido también, por lo menos en parte, que ella y José sabían que la comunidad no iba a reaccionar bien frente al embarazo de María, y la casa de Zacarías y Elisabet puede haberle servido de refugio a María durante ese tiempo.

> *La casa de Zacarías y Elisabet puede haberle servido de refugio.*

Cualquiera haya sido la razón, cuando María llegó a la casa de su prima fue pronunciado el pasaje de la Escritura inmediatamente subsiguiente, que se conoce comúnmente como el Magnificat. Cuando Elisabet oyó el saludo de María, su respuesta para su joven visitante fue:

> *"Bendita tú entre las mujeres y bendito el fruto de tu vientre. ¿Por qué se me concede esto a mí, que la madre de mi Señor venga a mí? Porque tan pronto como llegó la voz de tu salutación a mis oídos, la criatura saltó de alegría en mi vientre. Bienaventurada la que creyó, porque se cumplirá lo que le fue dicho de parte del Señor".*
>
> —Lucas 1:42-45

Cuando Elisabet escuchó la voz de María, el bebé de Elisabet —que después sería conocido como Juan el Bautista— saltó de júbilo en el útero, reconociendo al parecer que había oído la voz de la mujer que estaba embarazada del largamente aguardado, el Mesías prometido. Eso fue suficiente para convencer a Elisabet de la identidad del niño que María tendría, e inmediatamente se refirió a ambos, a María y el *"fruto de tu vientre"* como *"benditos"*. Y luego María pronunció estas famosas palabras:

> *"Engrandece mi alma al Señor y mi espíritu se regocija en Dios mi Salvador, porque ha mirado la bajeza de su sierva, pues desde ahora me dirán bienaventurada todas las generaciones, porque me ha hecho grandes cosas el Poderoso. ¡Santo es su nombre, y su misericordia es de generación en generación a los que le temen! Hizo proezas con su brazo; esparció a los soberbios en el pensamiento de sus corazones. Quitó de los tronos a los poderosos y exaltó a los humildes. A los hambrientos colmó de bienes y a los ricos envió vacíos. Socorrió a Israel, su siervo, acordándose de su misericordia —de la cual habló a nuestros padres— para con Abraham y su descendencia para siempre".*
>
> —Lucas 1:46-55

Una vez más, las palabras del Magnificat, pronunciadas por esta casta joven virgen, reflejan la humildad y fe que solamente pueden sobrevivir a través de una vida rendida a Dios. Como cada mujer que aguarda el nacimiento de un hijo, ella sin duda se preguntaba qué futuro le aguardaría, particularmente desde que fue obvio que no sería un niño común, sino más bien el largamente esperado Mesías de Israel. Sólo podemos especular acerca de cuánto comprendió en ese momento, aunque es casi seguro que ella estaba lo suficientemente familiarizada con las Escrituras como para darse cuenta de que era en efecto la mujer elegida por Dios para traer al Mesías. ¡Qué gozosa debe haber estado en esa expectación! Y sin embargo… ¿habrá siquiera sospechado cuánto dolor y sufrimiento acompañarían a esa alegría?

Sin duda alguna hubo dificultades acompañando este embarazo y parto únicos, incluso desde el principio. Además de la reacción de la comunidad por lo que parecía una unión física prematura entre José y María, esta pareja tan especial tuvo que lidiar con las penurias de un largo viaje justo en la época en que María estaba lista para dar a luz a su bebé. Lucas 2 cuenta la historia de esta manera:

> *"Aconteció en aquellos días, que se promulgó un edicto de parte de Augusto César, que todo el mundo fuese empadronado. Este primer censo se hizo siendo Cirenio gobernador de Siria. E iban todos para ser empadronados, cada uno a su ciudad. Y José subió de Galilea, de la ciudad de Nazaret, a Judea, a la ciudad de David, que se llama Belén, por cuanto era de la casa y familia de David; para ser empadronado con María su mujer, desposada con él, la cual estaba encinta. Y aconteció que estando ellos allí, se cumplieron los días de su alumbramiento".*
>
> —LUCAS 2:1-6

Aún en las mejores condiciones, éste no era un viaje fácil, e indudablemente no lo era en las últimas etapas de un embarazo. Pero fueron, llegando posiblemente al mismo tiempo que María iniciaba el trabajo de parto.

Aquellas de nosotras que hemos dado a luz niños, sabemos que no es una situación en que una mujer embarazada quiera andar por el camino en donde sea, o en un pueblo alejado de casa, donde no conocen a nadie, y todos los hospitales y moteles y posadas están llenos. Sin embargo, ésa es la situación en que José y María se encontraron. Finalmente, como las contracciones aumentaban y las opciones para encontrar refugio se acabaron rápidamente, esta pareja desesperada aceptó el ofrecimiento de una cama de heno en un establo hediondo y atestado de animales. Y allí María *"dio a luz a su hijo primogénito"* (Lucas 2:7), el Salvador del mundo.

Aunque han pasado muchos años desde que nacieron mis hijos, recuerdo cuánto aprecié cada comodidad que se me brindó durante e inmediatamente después del proceso de parto. María no tuvo ninguna de esas comodidades. Sí tenía un marido que había arriesgado su propia reputación para obedecer a Dios y protegerlos a ella y a su bebé, también se aferraba a la promesa de Dios de que Jesús sería llamado *"Hijo del Altísimo; y el Señor Dios le dará el trono de David su padre; y reinará sobre la casa de Jacob para siempre, y su reino no tendrá fin"* (Lucas 1:32–33). Sabía que aunque los orígenes de su Hijo fueran pobres y humildes, su final sería glorioso, aunque poco sabía de lo que ocurriría en el ínterin.

> Sabía que el final de su Hijo sería glorioso.

Luego, por supuesto, estuvo la visita de los pastores. Estos fieles guardianes de los rebaños habían sido sobresaltados durante la noche por el anuncio de un nacimiento sin paralelo en la historia.

> *"No temáis; porque he aquí os doy nuevas de gran gozo, que será para todo el pueblo: que os ha nacido hoy, en la ciudad de David, un Salvador, que es CRISTO el Señor. Esto os servirá de señal: Hallaréis al niño envuelto en pañales, acostado en un pesebre."*
> —LUCAS 2:10-12

Después de este anuncio anonadante, pero feliz, los pastores vinieron rápidamente a Belén a encontrar al Bebé y verificar la declaración celestial. En cuanto lo hubieron hecho, se fueron a compartir las buenas noticias con quien los escuchara. *"Y todos los que oyeron, se maravillaron de lo que los pastores les decían"* (Lucas 2:18). María, por otra parte, *"guardaba todas estas cosas, meditándolas en su corazón"* (Lucas 2:19).

Al octavo día después del nacimiento de Jesús, de acuerdo con la costumbre judía y la ley del Antiguo Testamento, José y María llevaron al Bebé al templo de Jerusalén para ser presentado o dedicado al Señor y ofrecer los sacrificios requeridos. Cuando Simeón y Ana, dos devotos judíos que habían dedicado sus vidas a orar y esperar al Mesías prometido, declararon que Jesús era el largamente aguardado (vea Lucas 2:21-38), María debe haber guardado en su corazón aún otra consideración para ponderar en los años por venir.

Después de aproximadamente dos años de permanencia en Belén, durante los cuales la pequeña familia recibió la famosa visita de los hombres sabios, y luego siguió las instrucciones de Dios de esconderse en Egipto para evitar la masacre de los inocentes por Herodes, el trío regresó a Nazaret (vea Mateo 2:13-15).

Las Escrituras no emiten más luz sobre la infancia de Jesús, aunque vemos un ejemplo cuando Jesús tenía 12 años que nos dice algo sobre su vasto conocimiento y comprensión de las Escrituras, incluso en esa temprana edad. Jesús, junto con su familia, había venido a Jerusalén para una de las fiestas judías prescriptas. Allí fue al Templo y se involucró tanto en preguntar y responder a las preguntas de los eruditos maestros que perdió la última llamada a unirse a la caravana de su familia cuando partieron de regreso a casa. Cuando José y María se dieron cuenta de que Jesús no estaba con ellos en la multitud, se preocuparon mucho y regresaron a Jerusalén para buscarlo. Allí lo encontraron en el Templo, donde seguía discutiendo las Escrituras con los escribas y los maestros, sorprendiendo a estos hombres eruditos con su conocimiento.

Sus padres, sin embargo, no se impresionaron. *"Hijo,"* le preguntó María, *"¿por qué nos has hecho así? He aquí, tu padre y yo te hemos buscado con angustia"* (Lucas 2:48).

Jesús le respondió: *"¿Por qué me buscabais? ¿No sabíais que en los negocios de mi Padre me es necesario estar?"* (Lucas 2:49). Esta declaración no era una falta de respeto, sino más bien debida al hecho de que, según el versículo 50, sus padres no comprendían. Pero María *"guardaba todas estas cosas en su corazón"* (Lucas 2:51), donde tenía tantas otras palabras y eventos que se relacionaban con su Hijo.

El versículo 51 también nos dice que Jesús se fue a casa con ellos y estaba *"sujeto a ellos"* mientras que el versículo 52 hace la última afirmación sobre Jesús antes de que se convierta en un adulto: *"Y Jesús crecía en sabiduría y en estatura, y en gracia para con Dios y los hombres".*

UNA FIEL CREYENTE JUDÍA

María de Nazaret pasó de ser una bonita niña judía a ser una devota madre judía y, finalmente, una fiel creyente judía. Por supuesto, siempre había sido una fiel creyente judía en lo que respecta a seguir las leyes del Antiguo Testamento y las costumbres lo mejor que pudo, y confiar y creer en el Dios de Israel, hasta el punto de someterse a su palabra respecto al nacimiento de su Hijo en la Tierra. Pero le llevó tiempo comprender con plena exactitud quién era realmente este Hijo suyo.

> *Esa relación cambió drásticamente cuando Jesús tuvo aproximadamente 30 años.*

Sí, María conocía su extraordinaria concepción y las muchas promesas para su vida, pero era también una madre que llevó a su Bebé en su vientre, lo dio a luz en un establo, y lo crió en el temor y la admonición del Señor. Amó a Jesús como cualquier madre ama a su hijo, y deben haber sido muchas las veces en que le resultaba muy difícil separar lo que ella sabía que había sido prometido acerca de y a través de Él, de la existencia cotidiana de una relación entre madre e hijo.

Esa relación cambió drásticamente cuando Jesús tuvo aproximadamente 30 años, no mucho después de ser bautizado por Juan. La mayoría de los eruditos cree que José había muerto a esa altura, dejando a María viuda mucho antes de su cumpleaños número 50. Durante una boda en Caná, donde tanto María como Jesús estaban entre los invitados, el anfitrión se quedó sin vino. María obviamente conocía bastante la identidad de su singular Hijo como para no dudar de que pudiera arreglar la situación, y por eso le hizo notar que el vino se había agotado, suponiendo que de algún modo él proveería más (ver Juan 2:1–3).

La respuesta de Jesús fue la línea divisoria en su relación, la declaración que lo movió desde un lugar donde se relacionaba con ella estrictamente como su Hijo al lugar de ser su Señor. *"¿Qué tienes conmigo, mujer?"*, le preguntó. *"Aún no ha venido mi hora"* (Juan 2:4).

Era una represión amable, pero firme y ella la tomó como tal, sometiéndose a su autoridad cuando dijo a los criados: *"Haced todo lo que os dijere"* (Juan 2:5). Jesús, por supuesto, pasó a convertir el agua en vino, iniciando en esencia su ministerio público (vea Juan 2:6–11).

Desde entonces, durante los tres años de su ministerio público, vemos poco de María aparte de pocas ocasiones donde ella y sus otros hijos visitaron a Jesús con la esperanza de convencerle de que sea un poco menos polémico. Al parecer, pese al especial o divino llamado que haya sobre las vidas de nuestros hijos, nosotras las madres queremos mantenerlos seguros, sin considerar el precio a pagar. María no era diferente en cuanto a eso.

Cuando por fin volvemos a ver a María, es aproximadamente tres años después, cuando está de pie con el corazón roto —ése donde había guardado tantos recuerdos sobre los cuales reflexionar con el paso de los años— observando a su amado Hijo morir una muerte cruel agonizando sobre una cruz. Fue en ese momento en que Jesús, aunque muriendo como el Salvador del mundo y mientras seguía siendo el Señor de todo —incluso de María—, volvió momentáneamente a su posición como el primogénito de María y encomendó el cuidado de su madre a Juan, el *"discípulo a quien él amaba"*, quien consecuentemente *"la recibió en su casa"* (vea Juan 19:25-27). Fue un precioso y generoso don de amor de un Hijo a su madre, y también un voto de confianza en la persona y capacidad del joven discípulo Juan.

Y así, con excepción de su aparición en la tumba vacía del Jesús resucitado, no oímos hablar de María o la volvemos a ver hasta el primer capítulo de Hechos, cuando está reunida con los discípulos en el aposento alto, donde *"perseveraban unánimes en oración y ruego"* (Hechos 1:14). María, la bonita niña judía y la devota madre judía, era ahora una fiel creyente judía, que seguía amando y extrañando al Hombre-niño que era su Hijo terrenal, pero también adorando al resucitado Señor que Él había probado ser.

María había completado el círculo, cumpliendo el llamado de Dios a su vida, que había empezado sometiéndose a lo que fuera que Dios tenía planeado *"según tu palabra"* y terminando en el mismo lugar. Había atravesado muchas alegrías y dolores, pruebas y triunfos, como todos soportamos a lo largo de nuestras vidas. Pero espiritualmente, estaba justo donde debía estar: el lugar en que todos necesitamos estar, para cumplir no solamente nuestros propios destinos sino también los de nuestros hijos.

"Feliz es el hijo cuya fe en su madre se mantiene inalterable."

—Luisa May Alcott, escritora

Algo para meditar o anotar en su diario:

1. ¿Alguna vez le pareció que María estaba demasiado separada de usted —o de cualquiera de este mundo, de hecho— para poder identificarse de alguna manera con ella? Si es así, ¿cómo ha cambiado su idea sobre ese tema tras este breve estudio de su vida?

2. ¿Cuáles son algunas de las ideas y circunstancias respecto a sus propios hijos que usted ha guardado en su corazón y sobre los que medita con el paso de los años?

3. ¿Cómo puede el ejemplo de humildad y fe de María ayudarle a lidiar con cuestiones de la educación infantil de sus hijos?

"Una madre comprende lo que un hijo no dice."

—Proverbio judío

Oración de una madre:

Padre, gracias por el piadoso ejemplo de María de Nazaret. Gracias por su fe y humildad, y gracias por elegirla para que dé a luz a tu Hijo para salvarnos de nuestros pecados. Muéstrame, Señor, qué quieres que yo aprenda de la vida y el ejemplo de María. En el nombre de Jesús. Amén.

"Las palabras de María, 'hágase en mí según tu palabra'", cuando el ángel le dice que quedará embarazada de un hijo del Espíritu Santo, me inspiran a ser una mejor madre, una mejor mujer y una mejor cristiana todos los días. Sus palabras revelan que Dios conocía a María, que ella tenía un corazón íntegro para Dios. Puedo ver por qué el Señor la escogió, y cada vez que quiero que el Señor haga algo por mí o por mis hijos, debo preguntarme si estoy dispuesta a aceptar gentilmente lo que el Señor decida traer al respecto."

—Marilynn Griffith, escritora

Sobre Kathi Macias

KATHI ES MADRE, abuela y esposa. Ella y su marido, Al, residen en California. Con el ministerio de mujeres como uno de sus principales intereses, Kathi es una popular oradora en retiros de mujeres, conferencias e iglesias.

Es una galardonada escritora que ha escrito más de 20 libros, incluyendo *Beyond Me* (Más allá de mí), *Living a Your-First Life in a Me-First World* (Viviendo su primera vida en mi primer mundo) y *How Can I Run a Tight Ship When I'm Surrounded by Loose Cannons* (¿Cómo puedo tener un hogar bien organizado cuando estoy rodeado de tiros al aire?), *Proverbs 31 Discoveries for Yielding to the Master of the Seas* (Descubrimientos de Proverbios 31 para entregar al Señor de los mares).

Kathi es también la autora del devocional que ha sido un éxito de ventas, *A Moment a Day* (Un momento al día) y las populares novelas de misterio de "Matthews". Su novela más reciente, *Emma Jean Reborn*, está siendo convertida en un guión de película por el dramaturgo Barry Scott. Ha escrito comentarios en la *Spirit-Filled Life Bible* (Biblia la vida llena del Espíritu), de Thomas Nelson (Edición para estudiantes) e integró el equipo de redacción de *New Women's Devotional Bible* (Nueva Biblia Devocional para Mujeres), de Zondervan. Ha sido escritora sin firma para varias personas prominentes, incluyendo a Josh McDowell, el ex jugador de NFL Rosey Grier y el fallecido capellán del Senado de Estados Unidos, Richard Halverson.

Kathi ha ganado muchos premios, incluyendo el *Angel Award from Excellence in Media* (Premio Angel a la excelencia en medios), premios de ficción de la *San Diego Christian Writers Guild* (Asociación de Escritores Cristianos de San Diego), y el gran premio en un concurso de internacional de escritores.